大展好書　好書大展
品嘗好書　冠群可期

大展好書　好書大展
品嘗好書　冠群可期

武術特輯
146

莊茂山著

神遊太極

汪正誠題

大展出版社有限公司

弘揚太極拳道
傳承鄭子正脈
茂山教練新著聞世
徐憶中敬賀

吞天之氣接地之
力考人以柔

鄭曼青大師
三寶

茂山順任屬

時中學社之長徐憶中
恭錄

太極拳經歌訣

極柔即剛極虛靈
運若抽絲氣震明
開展緊湊乃縝密
待機而動如貓行

茂山副理事長惠存
易靜波書
壬辰孟夏時年八十有二

由己則滯泥人

即活能從人則

能有蓋貴之妙

義山吾兄新玄誌慶

澄甫宗師惟手廬腐心法

壬辰年冬月傅笼鹏

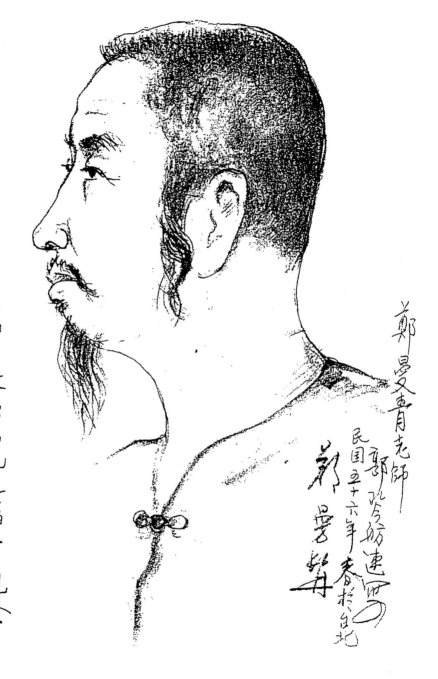

恩師 曼公鄭師兄速寫並有親簽。

珍貴紀念！干嘯洲印贈

鄭曼文畫育老師

鄭�吟防速寫

民國五十六年春於台北

郭曼舞

此照片為拜師時，先師送給我們留作紀念，代表者傳承，所謂代代相傳也。

崑山敬愛的賢契留念

前坐者、您師爺五絕老人曼青公後立本人也。

愚師 千嘯洲 親筆贈 攝於五八、三、十三、

寫於六八、二、廿五、

民國六十八年二月攝於信義拳社，
於拜師後與同期師兄姊合影。
（左立第一位為本人）

拜師時向孔子至聖與師爺遺照行
三跪九叩禮（左後跪立者為本人）

在信義拳社練拳後與先師與師伯合影

作者與徐憶中師伯合照

師兄弟與徐憶中師伯餐敘後合影

作者伉儷與洪聰明師兄賢伉儷、
黃律師鴻湖師兄與學員聚餐合照

作者陪夏威夷歸國黃慶韶師兄拜訪
林財賢師兄拳場與其學員合照

作者與瑞士籍學員Dominik Burch合照

作者拳勢：手揮琵琶

金雞獨立

單鞭下勢

擺蓮腿

2012年春季聯誼會師兄弟們參與學員演練鄭子太極拳合照

作者與美國無為拳社張瓊瓊師姊、
熊師兄於榮星花園體驗推手後合照

無為—談太極拳之修身養性

「無為」一詞，出自老子道德經第四十八章：「為學日益，為道日損，損之又損，以至於無為。」為者，做也，行也。道者，孔子之《易繫辭》曰：「一陰一陽之謂道。」而岐伯則曰：「夫道者，卻老而全形。」以太極拳道，應以岐伯為適。

昔黃帝問於天師曰，余聞上古之人，春秋皆度百歲，而動作不衰，今時之人，年半百而動作皆衰者，時世異耶，人將失耶。」岐伯對曰：「上古之人，其知道也，法於陰陽，和於術數，飲食有節，起居有常，不妄作勞，故能形與神俱，而盡其天年，度百歲乃去。」孔子以陰陽者，天地之道也。而岐伯則曰：「夫道者，卻老而全形。」此所謂文以載道，武以演道也。

為學日益，為道日損，損之又損，以至於無為。依岐伯之論伸引太極拳之鍛鍊，應以「人生道路上，透過不斷的學習，以增進各種知識技能，為道則為修養心性，鍛鍊身體，無為乃學道之最高境界。」學拳即學道，大道以虛靜為本。岐伯曰：「恬淡虛　，真氣從之，精神內守，病安從來，是以志閑而少欲，心安而不懼，形勞而不倦。」據此修練太極拳之道，能夠達到損之又損，無法再損的太

極拳境地，乃攝生之大道矣。

　　無為者，「陵行不畏兕虎，入軍不被甲兵，兕無所投其角，虎無所措其爪，兵無所容其刃。」無為者，必能「將欲歙之，必固張之，將欲弱之，必固強之，將欲廢之，必固興之，將欲奪之，必固與之。」老子四十一章曰：「上士聞道，勤而行之，中士聞道，若存若亡，下士聞道而大笑，不笑不足以為道。」華盛頓DC張師姊之拳社以「無為」名之，必是對太極拳捨己從人之大道深確體悟之士，與之推手，感覺其體輕如微風吹拂，根勁紮實，發化無稜，真上士也，作此文以賀之。

　　　　　　　　　　　莊茂山　謹識　2013.10.06

林清智老師序

（熊養和大師嫡傳弟子）

　　唐朝詩聖杜甫曾說：「文章千古事，得失寸心知。」清末語文大師林語堂先生討論西洋文學翻譯作品，主張好的文章要能信、達、雅。太極拳拳理拳術的論著，除了要文能達意外，更需要體、相、用的通達兼備，因、緣、果的完整兼備，以及事與理的圓融體證。

　　茂山溫文謙遜，腳踏實地，凡事探微深究真理。所以，《神遊太極》不落形體框架，從心、意、氣的神舒、體靜、鬆柔體淨來討論太極、動靜、陰陽、圓機、虛、鬆、神、靈等，且能詳盡的敘述中正安舒身形十事、椿功、靜坐、熊經、鳥伸、撞牆、掛曆、鬆湧泉與踵息等理論及具體功法，俾作太和修心、養性、健身完備的基礎鍛鍊。

　　「述而不作，信而好古」且尊師重道，除干師、曼公及太極拳先賢拳經論外，不作形而上奧理的描述。常舉淺顯的生活事例來談論抽象的氣、空等，如以蒸汽火車的物理機械原理來解釋，人體的氣像蒸氣……用蒸氣來推動傳動軸帶動整輛火車；電氣看不到、能感觸到，用這電氣能使許多載體發揮電器的功效，以權來顯實，表現出簡易實用的睿智；以著101大樓風阻尼器、不倒翁、拱形、天平

原理，闡述太極拳人體的重心與中定；童年觀察體驗上善若水的漩渦圓象，體悟太極拳鬆沈如墜無底深壑、颱風、黑洞、迴力棒的原理……。

　　茂山乃太極大師干嘯洲之高徒，我與干兄為忘年拳友。民國五、六十年代，每星期在立法院群賢樓練拳，常私下切磋拳藝而成莫逆之交，所以沒有門戶成見，大家時常相互交換心得。茂山嚮往太極拳藝，歷三十餘年學教之陶冶與淬煉，秉師承好學好問，精益求精之精神，多次來訪，不恥下問，學習散手等，從無懈怠，且曾多次參加國內外太極拳推手邀請賽，與各方拳友交流切磋，成績斐然。將太極拳推手充分發揮，明體達用，得到充份的確認與肯定。

　　「美言不信，信言不美」，茂山將多年來真摯純一素樸的豐富教、學體驗，誠懇和盤托出；「深入寶山，豈空手而回？」再三精研，必有所獲。爰不揣淺陋，很高興的為本書作序。

　　　　　　　　　　　林清智　2013.02.1.清晨.

陸　序

　　現今太極拳流行，各門各派的太極拳，甚至綜合各種拳術也稱為某某太極。太極拳是一種先有「想法」，再去鍛鍊的拳種，人人想法不同，人人打出來的拳，或各人的推手手法不盡相同，本來是無可厚非的事。但是太極拳還是有其特色，有其重視的原則，而不是名之為太極拳，就可視其為太極拳。

　　太極拳的原則是：一、整勁，反對局部肌肉重擊，而強調全身細胞協調，輕輕地一鬆一緊，求其合力，作用在一個目標區內。二、捨己從人，逆來順受，敵人一拳擊來，我既不招架也不頂抗，而是趁其勢，造成他的背勢，製造我的順勢來反擊。三、後發先至，敵不動，我不動，彼先出手，而我以較小的近身距離作出反應。

　　冷兵器時代結束了，火器時代來臨。以徒手、刀、劍傷人的武藝已經慢慢地失去其保家衛國的功能，而以養生與技擊的功能為主，太極拳「以柔克剛」的特性也漸漸地顯明出來。楊澄甫先生特別強調「鬆」勁，鄭曼青先生更是把老子的思想揉合進來，「戒剛強」，「專氣致柔能嬰兒乎？」太極拳早已拋棄了「招式」，「以招破招」的觀點，也不重視「踢得高」，「拍得響」姿勢美妙的體操動

作。

　　人隨著年紀增長，頭髮花白，牙齒動搖了，視力衰退，耳朵也聽不到了，睡眠也不好，酒量也減退了，體能也衰退了。這時候太極拳注重尚氣，強調知覺運動的功效就明白顯現了。干老師年近八十歲，還能吃能喝，推手發勁，走化的功夫就算年輕力壯的小伙子也無法近身。徐憶中師伯今年已九十歲，耳聰目明，頭腦清楚，走路健步如飛，一直為鄭子太極拳事功效力，未曾間斷。老一輩的例子比比皆是，我們這一輩的也要多努力才行。

　　茂山和我都是干老師的入室弟子，他更得大師兄黃慶韶的指點，早期和同門師兄弟在大安區公所的市場打拳，推手，發勁，相知相交三十多年，對太極拳的推展一直不遺餘力，現在把他對太極拳的心得發表出來，很榮幸樂意地為他的《神遊太極》一書寫序。

　　　　　　　　　　　　　　　陸關祥　2012.11

　　編者註：在先師九十三冥誕的次日，幾位師兄弟相約上五指山國軍公墓謁拜先師與先師母墓園，我請同行陸師兄幫我為《神遊太極》一書寫序。陸關祥師兄，為建國中學名師，民國六十五年拜師入門，在我六十七年剛入師門時，指導我站樁，並嚴格要求站樁必須合規矩，為我太極拳生涯打下良好基礎。

徐　序

（徐正梅師兄現任中華民國鄭子太極拳研究會
副理事長・時中學社總教練）

　　《神遊太極》是同門師弟莊茂山先生累積數十年習
拳、練拳、教拳的經驗與心得記錄。內容多彩、豐富。有
干師嘯洲大師的太極心法，太極拳典故，名家演講記述，
人物描寫，更多的是自己練拳的體悟。茂山好學不倦，博
覽群書，信手拈來妙釋〈拳經〉、〈拳論〉恰如其分。

　　20世紀，科技的猛進，發明出先進的醫學診療儀器，
對人體內部的骨骼、肌肉、神經、血管等組織和五臟六腑
精密的結構連繫，研究得更加清楚。透過手術拯救許多的
生命，間接地提升了人類平均的壽命。但時至21世紀的今
日，對人體某些慢性疾病之病因、症狀、診療、現代醫學
仍無法完全掌控，於是「預防醫學」的概念自然而生。我
國之中醫早就有「醫未病」之說法，《內經》和《難經》
提出的「未病先防，既病防變」的思想，開啟了中醫「預
防醫學」的先鋒，三、四百年來的驗證：「太極拳」是慢
性疾病的剋星，又是防病健體的妙方。

　　茂山虛懷若谷，尊師重道，待人忠厚仁慈，練拳一絲
不苟，數十年來的勤練、自省、體悟，氣斂入骨（兩臂沉
匐匐）健壯厚實。書中反覆強調「不爭、謙讓、自然而為

（無為）」的老子思想，也正是他自己為人處世的寫照。古諺「誠者成也」，從其身上又得一例證。〈以至誠不二之心，學習或做事，必然事半功倍，容易成功〉

　　茂山教拳之餘抽暇寫書，傳承太極拳道，抱濟世救人之志，令人感佩。《神遊太極》對研習太極拳者而言，是一套實用、方便值得參考的好書。有心習太極拳的朋友，若依循書中的方法，掌握「下實、中靈、上虛」的準則，勤於「學、問、練」，拾級而上，必能達到「祛病、健體、防身、益壽」的功效。本人與茂山相知數十年，樂為之作序，推薦。

　　　　　　　　　　　徐正梅　2013.02.20　于台北

黃　序

　　同門莊茂山師兄係先師干嘯洲先生早期弟子，與我同籍，且皆屬農家子弟。凡是農家所常見之勤勞樸實，堅定有恆特質，莊師兄都顯露無遺。

　　莊師兄進門追躡先師步履，卒能累積豐碩心得。惜旋因事業羈絆，拳課被迫中輟。然而太極拳理始終縈繞其腦際，未肯絲毫鬆懈。未久事業管控漸能得心應手，他即忙中撥暇，力求補綴荒廢歲月；並遊走四方與同道切磋。

　　宗師曼青先生遺訓所稱之三無畏，即無畏喫苦、無畏喫虧、無畏厲害。莊師兄不祇奉作練拳圭臬，更秉遵為處事良方。

　　他待人謙虛懇懇，笑口常開。凡所接觸團體有需共襄盛舉，常見他攘臂爭先。且不與人爭炫虛名，祇求自己日進有功。因而得以廣結同好，功夫銳進。

　　近年來自己朝夕研習之餘，並本諸宗師曼青先生善與人同之至意，設場授徒。近日彙整曼青宗師及先師遺訓，旁徵同道體悟，及歷年來他自己之心領神會，筆敘成書。各節闡述，都儘量例舉曩昔生活實例，俾供有心習拳者相互印證，融會貫通。

　　書中就功架之體悟、靜坐心法以及站樁要領、論圓談

25

鬆，皆揚棄素來拳書抽象、浮誇之陋習，將太極拳之高深哲理以平實簡明之文體敷敘，頗具指示津梁，啟迪後進之功能；尤可一償弘揚師道之宏願。

同門師弟　黃鴻湖謹識　2013.05.25

　　註：黃鴻湖師兄為台北市鄭子太極拳學會創會理事長，現為該會榮譽理事長

洪　序

（洪聰明師弟，現任台北市鄭子太極拳學會理事長）

　　莊師兄是我最尊敬的師兄，也是我拜師的引薦師兄，在太極拳的道路上比我先行，造詣也遠高於我。此次出書，名為《神遊太極》。邀我寫序，倍感榮幸。

　　莊師兄為人忠厚、處事誠懇。他拳藝精進，事業有成。現為中華民國鄭子太極拳研究會理事，台北市鄭子太極拳學會副理事長，某早餐連鎖總部董事長。莊師兄於民國68年拜先師習太極拳，其間練拳不曾中斷，拳齡至今已有30餘年。由於他對太極拳的熱愛，工作之餘，可說是全心投入太極拳的研練，從他習拳、教拳、寫書，這是一段精采的神遊太極之旅。在先師往生後他仍孜孜不倦的努力練習，體悟，訪友，參加志同道合的太極拳社團，可以說是太極拳的極度愛好者，拳痴，推廣尖兵。

　　《神遊太極》這本著作，可說是鄭門干氏門內第一本寫習拳心得的書。先師離世之前，曾擬出書，留傳後世，但因為種種原因，未能成真。莊師兄之著作得以出版，這點稍稍彌補先師未出書之憾，堪告慰先師在天之靈。

　　尊師重道是習武者的美德，尊師重道最具體的表現就是傳承老師的道。今天，莊師兄在太極拳這條道路上，不但教導學生傳承先師的道；更將自己在太極拳上的心得與

體驗，毫無保留的為文敘述，分享同門同好，對太極拳界做出了貢獻。自古太極拳先輩大師的論述，可謂精闢絕倫，今人若要超越前輩先賢，寫出一本有內涵具可看性的太極拳書，且能有自己的思想心得，實非易事，這要很大的勇氣，值得稱許。

《神遊太極》這本著作，節錄許多鄭師爺、干老師的銘言加以詳述，篇幅包括了先師習拳的動機、心得、體驗。先師為當代太極拳界的名師，更是位明師，在鄭師爺曼青的眾多入門弟子中，先師拳藝精湛，足為鄭門翹楚。先師太極功力深厚，尤其擠勁，冷、快、脆、急，堪稱一絕。讀者若能從書中先師口述遺作中，細細品味，相信對太極拳的領悟及進步，會有絕對的幫助。

莊師兄浸淫太極拳30餘年，於拳理論、拳架、推手，自有獨到見解。在我的心得39篇中，談的大都是練拳方法與心得。一般書中，很多或是談論空泛的理論，或是演練拳架招式，很少講實練的方法，這也是這本書的特色。篇幅中談到靜坐心法、談樁功、談氣、美人手、聽息、撞牆功法、掛曆功法、彌陀拜山、根勁、栽根法都是實練的功夫，讀者多練習一定可以長出功夫。

這是一本練拳的心得記要，值得閱讀，相信對太極拳功夫的進步，會有很大的幫助。最後，要恭喜莊師兄出版《神遊太極》，為本門增添光彩，是為序。

洪聰明　2013.01.07

林　序

　　很高興為莊師兄的著作《神遊太極》寫序，莊師兄拜師入門很早，是干老師得意門生。書中對於太極拳心法與拳經論之論述精闢，不用本人再予贅述，倒想提一提練太極拳的好處及師兄的為人風範。

　　20年前，我喝酒過量，肝臟受損，住院治療肝硬化，經呂也行師兄引進干門，拜干嘯洲大師為師，雖然從未間斷練拳，但20年來也未曾停過喝酒，且愈喝愈多。直到100年8月17日動肝癌切除手術，二週恢復如昔。101年6月5日再檢查住院，台大宣布肝癌末期，生命最多只剩5天，囑咐轉住安寧病房，不做任何治療。所有探望我的親友都認為我恐來日無多。因不想再連累家人受苦，本人也有放棄治療的心理準備。但家人不放棄，認為我平常練拳身體底子很好，無法接受這樣結果。

　　7月9日轉往榮總重新評估病況，雖然癌細胞已侵蝕整顆肝臟，膽囊也嚴重阻塞，但癌細胞並未擴散到其他器官。榮總認為有機會。因多針點滴在身，我靠靜功調氣與躺臥病床冥想練拳，終於撐到8月22日做肝臟移植手術，體重從95公斤到手術前一天僅剩64公斤。手術很成功，過程非常痛苦又危險，驚險鬼門關走一回，大家都認為是奇

蹟。但我很清楚除了榮總醫師的妙手仁心與我女兒的捐肝孝行之外，修練二十年的太極拳的底子幫我撐過最危險換肝準備期，救我一命。

非常感謝榮總小兒外科劉醫師，寶貝女兒的捐肝與在臥病期間內人無怨無悔的悉心照顧。

莊師兄來院探視，問我臥病在床期間是否有打太極拳，我與師兄會心一笑，莊師兄在拳藝已經溶入生活中，其造詣深厚又謙虛，常與同好切磋必自謙技不如人，經常稱讚他人、鼓勵他人。胸懷寬廣，令人敬佩！今知莊師兄出書萬分高興，以莊師兄太極拳數十年功力及經驗累積，內容精實、實為讀者福份，也為太極拳愛好者高興，一本太極拳好書的出版。

林財賢　2012、12

自　序

　　太極拳是中華文化的瑰寶，先人智慧的結晶與精華，先賢們窮一生鑽研體悟，留傳如拳經、拳論、行功心解、體用全書、鄭子十三篇等不朽經典，供後人參詳，我們祇要能循著先賢的足跡，跟著明師的腳步默識揣摩，依據經典去潛心修練，將能獲得事半功倍的效果。

　　累積先賢的智慧，彙集先賢的畢生心得論述，祇要能漸悟其銘言，而能加以詳細解析來指導學生，也是一種傳承。我們千萬不可放棄許多先人前賢所累積的豐碩果實。在我習拳與教拳的過程中，時常據前賢之語錄與先師銘言來解析拳架與推手。幫助初習者體驗太極功架與推手。

　　如果習太極拳之前是一顆多稜角的石頭，修習太極拳則有如在雕鑿此顆頑石，使其慢慢變成一顆又圓滑又剔透的球體。如果習拳之前是一塊不起眼的生鐵，習拳之後，則有如煅造後的一把既堅剛又柔韌的寶劍。百鍊成鋼也。在習練太極拳的路上，有先人與明師的指引，沿途並不寂寞。祇要跟對前人的腳步循序漸行，一鑿一痕跡，一步一腳印，不管十年或二十年，終能雕鑿出圓球來，這就如現代的一種水與圓球的工藝品，當水從水柱上端冒出來時，球體即隨著水流做前後左右不定向的滾動。

　　我時常反躬自省，在習練太極拳的歲月裡，我的形體是否能如圓球般在水柱上端隨水流任意翻滾，我的心是否能如空水瓶完全倒空，淨空。讓這空瓶隨時隨地都能裝下更多的水，提供我身心的養份。

　　尚書大禹謨云：「滿招損，謙受益。」我也時常告訴學生，太極拳不同於外家拳，必須有「反其道而行」的思維，退去鉛華換素顏。太極功法是一種減法，把身心全部歸零或成負值。以謙卑的心學習把心放下，修心養性才能進入太極拳的虛靈世界。蘇詢·心術所謂「泰山崩於前而色不變，麋鹿興於左而目不瞬」，靜定的功夫在茲，就算站在懸崖邊，馬上要跌到無底深淵，也不可想去拉住任何藤蔓。這是一種心的修為，很難，但太極拳的精髓就在裡面。

　　在學習的心態上，必須有讓的觀念。師爺之捨己從人，學吃虧的精神，表現在行為上，就會有讓的行動，能讓則不努氣，不使力，放棄贏人的念頭，太極功夫將慢慢上身，所謂用意不用力，勝人則力，勝己則鬆。必須學會去除本力與拙力，反求諸己，以達圓活之趣。隨遇而安，不要有任何企圖心，放棄任何推人，打人，發放人的企圖心，在太極拳修練的路上才能精進。

　　佛家禪語「手把青苗插滿田，低頭便見水中天，六根清淨方為道，退步原來是向前。」改變心態，退何嘗不是鬆的禪機，祇要心存有一丁點企圖心，都是阻礙太極拳進步的絆腳石。其實以靜制動，還是有制服對方的企圖心。以靜待動，還是有等待對方來力的企圖心，最好能做到以

靜隨動。拳論有云：「無過不及，隨屈就伸，人剛我柔謂之走，我順人背謂之黏，動急則急應，動緩則緩隨。」推手時一切隨他，看他如何。寒山拾得的禪語是值得習太極拳者再三玩味的。

練的過程中，面對挫折，面對重重困境，如有解不開的心鎖時，以孟子苦其心志，勞其筋骨，餓其體膚，空乏其身，行拂亂其所為，所以動心忍性，增益其所不能等語來勉勵自己。惕礪身心，更需以平常心面對太極拳的修練。明・于謙詠石灰「千錘萬擊出深山，烈火焚燒若等閒，粉身碎骨渾不顧，要留清白在人間」。都可做為修練太極拳動心忍性的最佳座右銘。

在我習練太極拳的過程中，體會最深乃先師之「下實、中靈、上虛」的銘言，此就像一盞明燈指引我正確的方向，一步一腳印地往鬆沉的目標邁進。一個從未接觸太極拳的人，本身對於整勁，鬆淨，鬆沉毫無概念。祇要接觸到其身體，腳根就浮起，隨後跟蹌後退。全身二百零六根骨頭是鬆散分離的，縱使打了幾十年拳架，從未接觸推手的人，如果走錯方向，也將離太極拳藝越來越遠。

「下實、中靈、上虛」，這是在一次先師的生日，師兄弟們聚集在忠孝東路悅賓樓為先師祝壽，在酒過三巡後，先師酒興未退時寫在紙上的簡單銘言。這確實讓我走對了學練太極拳的路，體悟到了太極拳體用的訣竅。必須從腳練起的重要性。練好築基的椿功，腳下有根，才能更上一層樓。先師云：「萬丈高樓平地起，欲蓋高樓先固基。」根深才能葉茂，把下盤練穩了，再來習練中靈，中

靈者，腰胯輕靈圓活也。

拳論所謂「有不得機得勢處，身便散亂，其病必於腰腿求之」。以腰為軸，腰帶手動，步隨身換，所謂腰腿認端的。練好鬆腰落胯，能做到一動全動，一靜全靜。才能談習練上虛。上虛者「人不知我，我獨知人」的聽勁，懂勁功夫也，聽懂勁乃太極拳初步之要，也是發化勁的基本功，前人有如下之描述：「藝高者多用黏巧勁，又靈又捷不見其形，手到勁到，未中之先無勁，即中之後無勁，惟中肯之頃，疾如閃電，一發便收，斂氣凝神，毫不費力。」所謂一羽不能加，蠅蟲不能落的聽勁用勁功夫則是前人追求懂勁的極致。

在身法的要求上，頂頭懸要有對拔拉長的意識，所謂尾閭中正神貫頂，滿身輕利頂頭懸。身如琴座，形如弓弦，師爺以頭不頂懸，三十年功夫白練喻之，可見其重要性。沉肩垂肘要修練到腰帶手動，手不動，勁能迴游於手掌九宮，而行於手指，絕對不可衹停留在腕節。否則就是主動用手。拳論云：「由腳而腿而腰，行於手指，總須完整一氣。」道理在此也。含胸拔背者，使心與氣相守於丹田也，以頸背輕貼領口內側，而可容一指來檢驗，可致血行全身，氣走臟腑經脈，氣行血旺，更可使氣沉於丹田。鬆腰落胯則是須完全能定住胯根，胯根內扣，要有單腳立地，虛實分清，臀部下坐，身俱五弓的體認，對於行拳與推手，能前後呼應，上下相隨，內外相合，能及此才算是下實中靈上虛立身中正的初步功夫。

宇宙萬物，無處不圓，太極拳由圓出發，由無極生太

極，兩儀，四象，八卦。太極拳尚氣之拳也，能以心行氣，以氣運身，河車倒運，綿綿不斷，滔滔不絕，如環無端。形以運身，氣以養心。師爺所謂「承天之氣，接地之力，壽人以柔」。以老子道德經「致虛極，守靜篤」，保有一顆平常心，學習布袋和尚把心放下。來充份體現太極拳的精神。老子倡無為，釋氏崇虛，儒家克己復禮，自然而為乃習太極拳最高指導原則，當有一天能體悟隨心所欲，不踰矩時，身心回歸太自然，返璞歸真，返老還童，何必身外求。

　　本書名曰《神遊太極》，乃源於太極拳尚氣之拳也。謂煉精化氣，煉氣化神，煉神還虛，注重精氣神之修鍊，故名之。內容均為本人之雜記，與其說是我的著作，還不如說是先賢們與先師的心得來得妥切，本人才疏學淺，祇是彙整前人的智慧，加以編輯成冊，不足以論著作也。最後我以先賢之警語「學習太極拳法不能粗心大意，要條理分明，要合規格，修鍊才能更臻慎密」。俗云，魔鬼總是藏在細節中，把細節練好，則免失之毫釐，謬之千里，共勉之。

莊茂山　謹識

2013.06.16

學習太極站樁之感言

　　本人在榮星太極拳隊學習太極拳已歷第七個年頭，舉凡十三式、二十四式、六十四式、四十二式及三十七式等拳架，稍有涉獵。為了進一步了解太極拳之運用，經黃明珠會長之推薦，向莊茂山老師學習推手。莊老師是已故太極拳及推手泰斗干嘯洲大師之嫡傳弟子，時常在榮星花園教授推手及五禽戲，有不少學生接受其指導。今有幸向其學習，此乃人生一大樂事也。

　　學習推手之前，莊老師首先教授基本功，舉凡熊經、鳥伸步、行經步、太虛步、四正、四隅及站樁等，皆須確實勤練，方能有功。尤其站樁，更是進入推手之鑰，而太極拳之掤勁，乃八法之首，動作中之掤、捋、擠、按、採、挒、肘、靠皆需有掤勁，精通此八個動作之應用，可游於推手中而無礙。學習站樁、運功圖亦是一不可或缺之基本功。

　　莊老師有一位旅澳之學生以及一位瑞士之學生，來台學習推手。由於該兩員停留在台時間有限，莊老師密集教授基本功及推手之初步，以利該兩員回國時可據此持續練習。本人及內人劉鳳嬌有幸參與基本功之密集訓練，獲益良多。尤其對站樁的訓練，更是印象深刻。經莊老師親切

不厭其煩之指導，始知非有堅強之毅力、耐力以及信心，無法竟其功。

經莊老師指導得知，太極站椿之種類有五種，每種椿又有數項站法，不一而足。五種椿名分別為川字椿、開展椿、宇宙椿、護心椿以及渾元椿。站椿之基本要求，包括頂頭懸、眼平視、眼皮輕含、收下額、舌抵顎、唇微閉、齒輕叩、豎玉枕、豎脊樑、肩平放、收小腹、摺胯、尾閭向下、湧泉貼地以及腳跟離虛等。尤其特別要求上虛、中靈及下實。站椿時，必須個個逐項檢視，務必做到確實，以免徒勞無功。

剛開始站時，時常顧此失彼，莊老師均不厭其煩地一一矯正，直到他認為正確時才走開。每次看到他走開了，不安的心理便放下，因為表示做對了。但為了能早日達到莊老師要求之境界，心理也一直督促自己，務必堅持以正確之姿勢站椿，不可含糊。站椿之時間，首先為20分鐘，然後再依體力逐步增加。由於時鐘是掛在牆壁上，本人喜歡擔任報時之任務。在站椿時，除了檢視要點站外，眼睛餘光也不由自主地一直往牆壁的時鐘瞄，深恐站過頭了。時間一到馬上報時，以便休息喘氣。站川字椿及開展椿時，湧泉穴貼地及受力大的左腳站完之後，接著便換右腳站，以求取公平對待兩腳呢。

莊老師要求一種椿，至少要持續站一個月才換站另一椿，循序漸進，不可操之過急。一年下來，便可將各種椿站兩次而有餘呢。莊老師也常說，練習推手也不可躁進，學習時，就好像一天得一張紙般，久之後便可累積一本書

了。內人就有感受到，有一次當她站完川字樁之後，接著站宇宙樁，突然間頭暈目眩，極端不舒服，良有以也。一趟樁站下來，湧泉穴貼地之腳發麻，彷彿感覺不是自己的腳似的，兩肩也酸酸的，莊老師說這就是站對了。但經過兩手拍打按摩之後，感到格外的舒暢。據說訓練之後，舉凡爬山或爬樓梯均可如履平地般呢。

五種樁之一的渾元樁，第二式要求兩手微屈置於胯前約10公分，兩眼向下看前方約三公尺的地上，手心向上，手背向地，兩手心相對宛如互相牽引，就像抱著小孩般。本人適逢有一年僅九個月大之孫子，體重約15公斤。他不喜歡人家平平的抱他，而喜歡直立的被抱。本人適巧有這機會以渾元樁第二式來抱他，他高興，本人也藉機一併練習站渾元樁呢，一舉兩得。

莊老師說站川字樁要求落胯、圓襠、收尾閭，兩腳微屈微張，前腳膝蓋要有如向前突出般的意念，用意是可以藉此訓練腰力，推手即是靠內氣與腰力並配合尾閭掌舵來發勁，兩手只是媒介而已。哲理之深，非親自參與無法體會。站樁不但可訓練利用湧泉穴來接力，而且也可訓練腰力，利用腰力及尾閭來躲閃及發化勁。本人雖練習站樁不久，但對腰力無形之增強，也頗有感受。

如前所述，本人的九個月大孫子，身體高大，體重超過同齡甚多，且好動如過動兒般。抱他如不用腰力，很容易受傷閃到腰。當抱他時，他的頭一下子往下竄，又一下子向後昂且身體伸得直直的，速度超快，很難抱。每次抱他時，有如與他在相撲般。還好站樁訓練本人好腰力，以

軟克強，以柔克剛，一切均可應付裕如呢，他也很喜歡本人抱他。此乃本人練習站樁之額外獲益也。

非常感謝莊老師用心及不厭其煩的指導，他不但言教也兼身教。每次站樁，他都有陪大家一起站，且在站樁當中，又耐心的講解並注意及糾正學生之姿勢，不以為苦，實在令人欽佩，不好好學真是對不起他呢。

每次站完樁便是練習推手的時間，看到他那樣敏捷矯健，有如身上罩一金鐘罩般，無人能動他一根毫毛，向左向右，或向上向下，對方一出拳便迅速被他化解及制伏，功力之深令人乍舌。期望本人持續訓練，有朝一日也能有像他一樣的功力。

撰文者：柯寬仁日期：2013.04.23

註：以下為樁功簡易中英文說明，以利外籍同好修習之參考

五個站樁功之簡單說明（The Brief Explanation of five Tai-Chi standings post）

1. 川字樁（The「川」word standing post）：

兩手置於身前，手心斜相對，兩腳一前一後，重心置於後右腳湧泉穴。右手在後為短手，肘尖垂地，肘微屈，角度大於90度，接近90度。在前之左腳湧泉虛貼地面，可隨時提起。左手在前為長手，肘尖垂地，肘微曲，角度小於180度，接近180度。後腳跟稍微提起可容一銅板般。前腳之膝蓋有向前突出之意念，且須落胯。兩手腕節如美人手般，拇指不可翹起與四指呈平行。兩眼平視，視線及於長手大拇指之指甲處，眼皮呈半閉狀如加菲貓般。

Two hands put in the front of body, palms are slanting face-to-face, two legs are one in front and another one in rear, body weight put on "Yong QuanAcupoint" of the rear leg. The right hand in back is short hand, tip of elbow facing ground, and elbow slightly bend, its angle is more than 90 degree, near 90 degree. The "Yong QuanAcupoint" of the left leg in the front must stay slightly close to the ground, and can be raised anytime. The left hand in front is long hand, tip of elbow facing ground, and elbow slightly bend, its angle is less than 180 degree, near 180 degree. The heel of rear leg raises up slightly enough to insert one coin. The knee of the front leg should be stick out ideally and loin should be crotched down with hip facing the ground. Wrists of two hands just like beautify hands, thumbs are parallel to fingers, not to stick up. Two eyes look at fingernails of thumb of the long hand while eye-lids half close just like the eyes of Garfield cat.

2. 開展椿（The Expansion Standing post）：

兩手展開呈90度角，後手為單鞭式，後背弓起如弓般。前手肘尖垂地，手心向前呈美人手，靈活如眼鏡蛇之蛇頭般向前豎立。兩眼平視前手掌。兩腳一前一後微屈呈

弓步，重心為前六後四或前七後三，前後腳跟離虛可容一
銅板，兩腳膝蓋均須對腳尖，兩腳互為爭力似站在報紙
上，且欲將其撕裂般的感覺。

Two hands expand to 90 degree angle, the rear
hand is in the shape of "Single-Whip", the back
of body humps up like bow. Tip of elbow of the
front hand facing the ground, and palm of beauty
hand stick up flexibly like copras head. Two eyes
look at the palm of the front hand flatly. Two
legs with one in front and another in rear with
slightly bend like bow. Weight distributes 60%
in front and 40% in rear or 70% in front and 30%
in rear are okay, The heels of the front leg and
the rear leg raise up slightly enough to insert
one coin, and two knees should face tiptoes of
both legs. Two legs pulling force feeling just
like standing on newspaper and wish to tear it.

3. 護心樁（The Heart-Protected Standing
   post）：

兩腳平行站立，與肩同寬，重心置於兩腳之湧泉穴，
腳跟離虛，腳跟稍微提起可容一銅板。雙膝微屈微張，膝
蓋對腳尖，落胯尾閭向下。兩手如抱樹般置於胸前，但須
有似抱非抱之感覺。後背弓起如弓般，兩眼平視前方六公
尺處且呈半閉狀。

Two legs are standing in parallel with same

42

width as shoulder, and weight to be put on "Yong QuanAcupoint" of the sole of two feet. Heel of the feet should raise up slightly enough to insert one coin. Two knees slightly bend and expand outside, and facing tiptoes of feet, tailbone should face the ground and bend loin. Two hands bend in front of chest imaging holding the trunk of the tree, back of body hump up like the shape of bow, and two eyes look at the front with half close.

4. 宇宙樁（The Universal Standing post）：

兩腳平行站立，與肩同寬，重心置於兩腳之湧泉穴，腳跟稍微提起可容一銅板。雙膝微曲微張，膝蓋對腳尖，落胯尾閭向下，兩手與肩同寬，屈肘平行置於胸前，肘尖垂地，小臂豎立，手掌呈美人手且如眼鏡蛇之蛇頭般向前豎立，湧泉穴貼地，腳跟離虛。兩眼前視，視線及於遠方。

Two feet are standing parallel with same width as shoulder, and weight to be put on "Yong QuanAcupoint" of the sole of two feet. Heel of the feet should raise up slightly enough to insert one coin. Two knees slightly bend and expand outside, and facing tiptoe of feet, tailbone should face the ground and bend loin. Two hands same width as shoulder, and bend parallel in front

of the chest, tip of elbow facing the ground, and both arms raise up in beauty hand shape flexibly like copras head. "Yong QuanAcupoint" flatly stick to the ground, heel of feet slightly raise up. Two eyes look far at the front.

5. 渾元樁（The Integrated Mass Standing post）：

兩腳平行站立，與肩同寬，重心置於兩腳之湧泉穴，腳跟離虛，腳跟稍微提起可容一銅板。雙膝微屈微張，膝蓋對腳尖，落胯尾閭向下。兩手下垂與肩同寬，置於胯旁，兩手拇指與其他四指平行，手心向上，掌背意念向地，指尖相對如抱嬰兒般的感覺。兩眼看前方三公尺處。

Two feet are standing parallel with same width as shoulder, and weight to be put on "Yong QuanAcupoint" of the sole of two feet. Heels of the feet should raise up slightly enough to insert one coin. Two knees slightly bend and bend loin. two hands hang down with the same width as shoulder, and put beside loin. Thumbs of two hands are parallel to the other four fingers, palms facing up and back of palm feeling facing to the ground. Figure tips facing each other just like the feeling to hold a baby. Two eyes look about 3 meters far of the front.

附註（remark）：

重點提示（Main Points）：

1. 頂頭懸（Top of head hanged up straight）

2. 眼平視（Eyes look in flat style）

3. 眼皮輕含（Eyelids slightly close）

4. 收下額（Collect back low chin）

5. 舌抵顎（Tongue touches end of inner teeth）

6. 唇微閉（Lips slightly close）

7. 齒輕叩（Teeth lightly knock）

8. 豎玉枕（Straight up neck）

9. 肩平放（Flat shoulder）

10.收小腹（Collect back stomach）

11.摺胯（Crotch loins）

12.豎脊樑（Straight up spin）

13.湧泉貼地（YongquanAcupoint flats on ground）

14.腳跟離虛（Heel stays hollow）

目　錄

石覺將軍對干師之生平介紹

（石覺將軍時任中華民國太極拳協會理事長）

　　一九五五年旅台健康崩潰，幾不能生，幸遇鐘氏名家大振習太極拳三年，蒙鐘氏引薦得五絕老人鄭公曼青追隨左右歷十三年之久，深得鄭公賞識，口授心傳，傾本以吐。因干氏慧智奇才，毅力膽識過人，又能窮究苦練，鍥而不捨，不但身體轉弱為強，且拳藝體用皆登妙境，運用鬆如矣。

　　干氏秉性溫厚，虛懷若谷，太極同道以及武林好友，問津切磋者不絕於門，皆婉辭以禮，有時偶迫於無奈，接手時亦必留餘地，縱如是也，已無遇對手令人折服，視為神技，早已名揚中外，故同道樂於過從。

　　干氏身受太極之惠即深，本健已及人之精神，立弘揚師道為宗旨，以道技授徒廿餘年。干氏道技固神明，然生性誠懇教人不誨的精神更令人折服。聞其武德從之，學者自四海來，何止千百計，真桃李滿天下也，干氏對推廣太極拳藝不遺餘力，任勞任怨，只求耕耘不問收穫，學深養實為同道楷模焉。現任中華民國太極拳協會常務理事兼副主任委員，第十支會會長，台北市國術太極拳委員副主任委員兼總教練，中華民國國術會太極拳俱樂部常務理事兼總教練，美國芝加哥太極拳學院特聘榮譽顧問，新加坡國術總會特聘二度為太極拳教練進修班總教練之職。

第五屆　國際裁判講習鄭子三十七式課程記實

講授：徐憶中老師　　整理：莊茂山

第五屆國際裁判講習，中華民國太極拳總會特別邀請徐師伯主講鄭子太極拳三十七式，徐師伯以其八十八高齡，講起課來聲音宏亮，中氣十足，丹田有力，著實讓在場學員驚豔，真不愧為當代大師也。

第一堂課開始，師伯以其鏗鏘有力的聲音問：「各位同學大家好，你們知道鄭子太極拳是誰創篇的嗎？」學員們異口同聲答曰是鄭曼青大師。

師伯又問：「你們知道鄭大師是那裡人？生於民國幾年嗎？」這時大家鴉雀無聲，回答不出來。但也同時拉開了今天徐師伯三十七式課程之序幕。

徐師伯娓娓道曰：【鄭大師是浙江永嘉人，生於民前十年，民國六十四年三月往生，享壽75歲，世稱五絕老人。以其詩書畫醫拳，享譽遐邇，顧維鈞博士以「吾國之志士，天賦穎秉，凡有所學，不論詩文書畫岐黃，皆造詣精深，其於太極拳之學理體用，闡釋尤明」稱之。而鄭大師身兼五藝之長，生平則以教太極拳為最樂，秉善與人同，達兼天下爾後倡導並發揚光大。

早年鄭大師以其弱冠之年任北京郁文文學院教職，後

轉赴上海美術學院任教，因身體不好，經友人介紹得拜楊澄甫師祖學習楊派太極拳，以其超人智慧與毅力，短短數年盡得楊澄甫師祖真傳。為了身體健康學拳而得太極拳體用之訣，亦為無心插柳柳成蔭也。故鄭大師之簡易太極拳亦稱健康拳、長壽拳，且因大都是文人學習，亦可稱為文人拳。

太極拳非常注重修養與身心的放鬆，三十七式鄭子太極拳更須講求鬆柔。其源自楊家 108 式，由鄭大師任湖南國術館館長時培訓全省武術教官，為教學方便之現實需要，把重複動作刪減，取其精華而不失原意所創篇。世稱簡易太極拳三十七式。在習拳期間，由楊澄甫大師口述，鄭大師執筆完成了太極拳體用全書傳諸於世。

後鄭大師本人陸續著有太極拳十三篇與自修新法。此著作採圖像與足步圖並重加以解析拳架，可說前無古人。篇章有深度的內容更是讓學拳者百看不厭，每次詳讀都能有更多的體悟。如果能依自修新法，努力不懈學習，不出三個月就能把拳架學會，然後再求精進，學好太極拳。

民國三十八年，我隨鄭大師於台北中山堂頂樓學拳，為台灣第一期學員。當年我才二十五歲。時間匆匆，如今已是八十八歲的老人了。我的拳齡也許比在座的許多同學的年齡還長呢！這六十幾年來，我恒練不輟，現在我走起路來，步伐輕靈，身體粗健，都是拜鄭子太極拳所賜。故我奉勸各位，一定要天天練拳。

持志以恆，在冬天就算天氣較冷，祇要慢慢地打拳，也能使身體暖活而冒出微汗來，且其運動量絕對不會超過

身體的負擔。反而有益健康。也不分男女都能學習，是一種省錢的運動。祇要有福份的人，堅持到底去學習，都能得到太極拳利於身心的好處。

我的大師兄王建今先生，是個法律人，曾任最高檢察署署長，生前我經常去拜訪他請益，他就一再的叮囑說：「鄭大師的太極拳太好了，你一定要好好地把它傳承下去，這是中國人之寶。」他壽世一百零四歲。

三十七式太極拳的起式，兩腳站立，為不分陰陽的渾元樁，無極生太極，以氣運身，氣合形開是動後才分陰陽，在我初習拳架時，曾問鄭大師說：「三十七式太短了？」結果他老人家要我單腳站立，把虛腳抬起來，身體不能動，我無法做到。然後鄭大師卻輕鬆地把單腳抬起來，且身體不偏不倚。

這時我才恍然大悟，開始認真習拳。如今我還能抬起虛腳（此時，師伯隨即將他的右腳抬起，大腿與胯平，且身體絲毫不搖晃而引起全部學員驚嘆聲）這都是學習鄭子三十七式太極拳的好處。

今天是國際裁判講習，諸位在太極拳界都是資深的教練與裁判。做為一個裁判，一定要了解三十七式與其它太極拳有何不同，有什麼特點，決不能參雜個人的喜惡，才能公平地執行裁判任務。

三十七式最大的特色就是美人手，陸地游泳與足心貼地，在整套拳架裡除了起勢有坐腕。單鞭是吊手，進步栽捶，彎弓射虎，上步七星，進步搬攔捶是握拳的動作，其他式都是美人手，唯有美人手才能行氣舒指，才能氣行指

梢，才能有聽勁。起勢要坐腕是要讓氣行到勞宮穴，不讓氣散掉。拳架都是腰帶手動，手不能主動，妄動，上半身要立身中正，氣貫全身。湧泉貼地，把意念練到腳底，再由腳底往地下讓根勁入地三分，這就是長根。太極拳腳底生根了，就不怕年紀老了腳抬不動。我已快九十歲的老人了，都還能輕易的單腳立地，把虛腳抬起，這都是學習太極拳的好處。（徐師伯再次表演單腳立地，大腿與地面平行，膝平胯的功夫，博得全場的熱烈掌聲）

　　要練鄭子太極拳看似簡單，其實要學好，從頭到結束要打得鬆沉，要合規格，還是有很多難關要突破。第一難關就是要把胸口的氣放到丹田裡，把心放下，安下心來，把氣沉下來。不要提心吊膽。此所謂「虛其心，實其腹」要有這樣的修養。沒有好的修養就無法把拳練好，所謂正心、誠意、修身是也。

　　第二難關是足心貼地，把上半身擺正，要整體行拳一動全動，一靜全靜，要鬆柔鬆沉，從頭到腳，行拳如行雲流水，綿綿不斷。如長江大海，滔滔不絕。要由內而外，抽絲剝繭。鄭大師把空氣喻水，空氣非空如水然，故有陸地游泳之說，假想我處在空氣中，如魚在水中游泳般。這是鄭大師了不起的理論。如果能把足心貼地，氣沉丹田，與陸地游泳這三項都做到了，就能體會鄭子太極拳異乎其它拳的好處。

　　頭宜正直，腰到那，頭就到那，不可單獨任意上下左右擺動，致使玉枕未能豎直，故頭部應隨時與脊樑保持一貫之勁。在靜坐時要把心靜下來，但太極拳比靜坐還難，

因為太極拳是練靜動的，靜中觸動動猶靜。找個清靜的地方，把心靜下來，舌抵上顎，與天地能量接軌，一趟拳打下來，就能得「氣」，此所謂專氣至柔能嬰兒乎。

一般五至六歲的小孩舌根深藏，舌頭是上捲的，但當人老了，如果沒有了「氣」，舌頭就垂下來了，老人家容易流口水就是這個道理，如果把「氣」練足了，氣足血旺，全身就舒暢了。

沉肩垂肘是要練上半身鬆柔的功夫，一個人的胸口與肩關節最難鬆，要做到肩關節能隨腰動盪，必須下很大的苦功，此為鄭大師所說之動與盪也。

「腰轉則手亦隨之轉動，腰定則手動亦定，然動之餘力未定曰盪，盪未定而又與動相連接，此為太極拳之關鍵。正在動而至於盪，盪又接上動，動盪，盪動，兩者之間，決不可間斷耳」。而氣沉丹田更重要，五、六歲的小孩氣在腹腔，看他們睡覺時，小腹有起伏。但到老年時，氣則祇能行到胸腔，老人家一動就上氣接不了下氣，就喘不過氣來。所以意守丹田，氣沉丹田，把心與氣相守於丹田，這是非常重要的。意者，氣也，一個人能氣行督脈，讓氣越尾閭上行，穿越脊柱，達乎泥丸，河車倒運。即謂氣通三關之候也。

其實要做到氣通三關是非常難的，我有一個學氣功的朋友，我曾私下問他，有沒有練到氣通三關，他說要氣通三關太難了。故我說祇要意守丹田放下心來，想在丹田，做好太極十要，能沾黏連隨不丟頂，滿身輕利頂頭懸，就能練好太極拳了。】

　　第二堂課時徐師伯展示了三幅墨寶，是恭錄師爺「行如沙漠走駱駝，坐對人間笑彌勒，處則兩腳虛實分，臥似彎弓向右側」之銘言，勉學員要時時行拳，處處練拳。徐師伯說：「我每天早晨寧可不吃飯，都要打一趟拳。利用廢時修練太極拳，站立時不要雙重，行住坐臥，養成習慣。」第二幅是鄭師爺的體用歌，徐師伯說：「此體用歌是鄭師爺之名作，強調以腰為主宰，手不動，腰在動，是內動，意動，是打手安用手，把太極拳體用描述得淋漓盡致。」第三幅則是前哲描述太極拳的意境，所謂「意氣環生味無窮，恰似楊柳舞春風，練到柔和優美處，行雲流水一般同。」最後徐師伯以這三幅書法和其它兩幅分贈給遠道而來的異國朋友，在眾人的掌聲中結束了第二堂課。

　　休息時間，很多學員搶著跟徐師伯拍照留念，我笑稱：「徐師伯今天可是最紅的模特兒。」

　　第三節課由徐師伯講解功架各式的重點，並由蕭可賢師兄示範，徐師伯把各式重點一一加以解析。徐師伯說：

　　「每式都必須落胯，打了半天，如果胯沒有落實，功夫很難成就，腰胯要連在一起。抬腳時腳尖要虛懸，例如在靠的定式之前右腳提回虛懸。提手上式，手揮琵琶的定式之前，左右腳離地虛懸。左右金雞獨立定式的虛懸，轉身蹬腳時，蹬腳前及蹬腳後，左腳的虛懸。提腳虛懸時，腳尖都應下垂，才不會用力。單鞭要坐胯鬆沉下去，左腳要橫跨一肩寬邁出，回坐時才不會彆住。要單腳立地，才能提虛腳，腰才能靈活。腰胯坐穩後就不能再上來，要把

大腿提起來，再放下去。倒攆猴要兩腳平行一肩寬，後退時足尖先點地且不可用力。金雞獨立，虛腳大腿要平胯，膝蓋要以肘尖相接，要立掌，腳尖要下垂。轉身蹬腳的轉身前與轉身後，提起虛懸的左腳，其大腿高度應維持水平且穩定，不可搖晃。要有自己折磨自己的精神，祇要每天練掤、捋、擠、按、採、挒、肘、靠等八法，腰動手不動，由下而上，由內而外鬆到底，不僅外面要鬆，裡面更要鬆。」

最後徐師伯與蕭師兄演練一段單推四手與四正推手之要點。在全體學員的掌聲中，結束徐師伯今天的課程。也為今天的課程劃下美好的句點。

此次我參加國際裁判講習，恰逢徐師伯講課，在長達三個小時的課程中，徐師伯以近九十高齡，至始至終神采奕奕，中氣十足地講課，就算盛年的老師，都感不勝體力。而徐師伯竟能持續講三堂課且精力充沛，毫無冷場，讓全體學員聽得津津有味，我不得不佩服師伯之精力與體力。鄭子三十七式太極拳是此次講習的壓軸，徐師伯精彩有深度的講授，讓學員如沐春風，有如送給每位學員一顆心靈的鑽石，為每一位學員添滿了行囊，步上歸途。

以上係本人在上課時依筆記整理所得之記實與感言，對於徐師伯拳架之解說，本人之記錄難免有掛一漏萬之處，故附上徐師伯此次課程之講義，供大家參閱。

卅七式鄭子太極拳國際級裁判講習參考資料

2012.10.05

太極拳源出道家，綿延迄今，雖拳式有所區別，惟均以拳經拳論為圭臬，總不外乎滔滔不絕，如長江大海；輕靈貫串，無缺陷之處、無凹凸之處、無斷續之處。演練時虛靈頂勁、沉肩垂肘、鬆腰落胯、平正均勻、中正安舒、虛實分清、上下相隨、步履流暢、轉換輕靈……等等要領，各位擔任裁判時可依前述要領，明察秋毫酌予取捨評分。

　　針對卅七式套路部分，除上述要領外，謹提供幾點意見，作為裁判的參考，因時間限制，如有不周全的地方，請大家多多指正：

　　一、卅七式太極拳是鄭曼青大師傳承楊氏太極拳，刪削重複，擷取精華而完成，在楊式太極拳諸要領中，突顯「鬆」的重要性（參閱大陸名家嚴翰秀先生書評）。鬆表現在手腕時要求「美人手」，演練時除吊手、握拳、坐腕外，均應符美人手的要求，如有違失，可酌予減分。

　　二、拳論所謂『尾閭中正神貫頂』，表現在脊樑與頸項間時，頭宜正直隨腰轉動，不可單獨任意上下左右擺動，致使玉枕未能豎直；故頭部應隨時與脊樑保持一貫之勁，違此而有任意擺動者可酌予減分。

　　三、平行腳一肩寬的要求是鄭子太極拳的另一個特點，尤其是表現在倒攆猴時，雙腳應保持平行一肩寬，違此可酌予減分。又此式細微處易為人忽略者為：後退時應

足尖先點地，且不可用力，若發現整片足趾先點地踏實（用力之象），亦可酌予減分。又本式手掌須隨腰胯捩轉，指尖向前刺去，當腰轉正時掌亦收住，亦既定式時，腰胯是與腳尖同樣朝向正前方向，若有偏斜情形，可酌予減分。

四、轉身蹬腳的轉身前及轉身後，提起虛懸的左腳大腿高度，應維持水平且穩定，若高度不足或晃動不穩，可酌予減分。

五、金雞獨立時提起的虛腳高度，盡量與肘相接，至少要提至水平高度；左右分腳於抬腳之前，相交之兩腕，須將兩掌向外翻轉；轉身蹬腳於轉身後蹬腳之前，須將左膝提起與左肘相近。以上均列於自修新法，蘊含了鬆沉蓄勢中定之意旨，未能注意者可酌予減分。

六、卅七式太極拳套路中虛懸時腳尖要下垂，演練時有幾個地方容易疏忽。
1. 靠的定式之前，右腳提回虛懸。
2. 手揮琵琶的定式之前，右腳離地虛懸。
3. 左右金雞獨立定式的虛懸。
4. 轉身蹬腳時，蹬腳前及蹬腳後，左足的虛懸等。
如果虛懸的腳尖，沒有自然鬆沉下垂，表示用力而不夠鬆柔，則失舒筋活血、開關達節的目的。舒筋活血、開關達節，是鄭子太極拳十三篇別程序中人階、地階的運動

要求。

　　七、演練至提手、白鶴亮翅、手揮琵琶、倒攆猴、上步七星、退步跨虎時，在前方的虛腳足跟直線，應在實腳足跟外緣。換句話說，當坐實後腳不動，在前的虛腳直線拉回時，不會回踢到自己的後腳跟，如果前面虛腳的位置，會回踢到自己的後腳跟，可酌予減分。

　　八、彎弓射虎後的第二動進步搬攔捶，當演練到搬時，曼公晚年明確指示可以「右掌止於右脇旁」（第一動是「右拳止於右脇旁」），有白蛇吐信的意旨，接續再握拳向前衝擊。也就是說前後兩個搬攔捶的搬，可有兩個方式呈現，不必執著於單一，以另一為誤而減分。但拳在右脇旁時，如握拳散開或拳眼虎口沒有朝右，可酌予減分。

　　九、演練拳架時向前踏出的腳步，應該以足跟先點地；向後退的腳步，應該足尖先點地；如果向前進時腳尖先點地，向後退時腳跟先著地，不合鬆的要求，可酌予減分。

　　十、簡略以上幾點作考，其餘規範不及悉數陳列，請依照師門的指導及自修新法意旨裁量，即可得其中肯矣。

徐憶中　謹識

紀念　師兄干嘯洲先生
九十歲冥誕

蘇紹卿

　　中華民國九十八年十月十九日為吾師兄干嘯洲先生九十歲冥誕，干師兄辭世十二載。楊派鄭門干氏信義拳社學子要我略述往事，不能辭，辭亦不可。於是寫下一些片斷，以為感念。

　　干師兄籍浙江玉環縣，青年懷壯志投筆從戎，國防部保密局實幹班第一期畢業，奉派隸屬石達開將軍主浙江省政府省長兼舟山群島防衛司令時，冒險出入突擊大陸沿海列島著有軍功，嗣隨軍來台，以尉級軍官光榮退役。退役初期賦閒加入台北市中華路理教館鐘氏大正拳館學習六十四式左右雙邊太極拳架及推手，鐘氏移民加拿大後自創誠新太極拳健身班。擇台北市新公園中心位置，每日清晨傳授太極拳術，遇假日則至中國太極拳學術研究會（時韓振聲立法委員任理事長）與同好切磋推手，以突擊班所學搏鬥技巧與從鐘氏所學推手技巧加體形魁偉下盤穩健，常獲勝，漸露頭角，並得張揚明將軍賞識。

　　惟斯時干師兄教學收入不穩定不足餬口，嘗求張將軍謀介公務機關警衛工作以安家計。

　　張將軍審時度量認為若謀得門警工作固可安生計勢必

放棄太極拳教學，斷送美好太極拳術前程殊屬失宜，乃勉勵奮發繼續研習並主動攜往介紹拜五絕老人鄭子曼青為師。勤奮學習鄭子太極拳絕學三年，一年即得窺要，二年拳術突飛猛進，三年得艱難之「接勁」功夫。拳術造詣凌駕乎若干早二十年進門師兄，與少數有天生秉賦，學富五車得道蜚聲國際武術界同門師兄並駕齊驅。

干師兄拜師入鄭門後，每日清晨仍到新公園教學，上班時間則輪流至應聘機關、學校教學，初期有：台北市稅捐稽徵處、台北市大安區公所、台北市女子師範學院、建國中學。後增應聘交通部民航局、行政院國軍退除役輔導委員會、銓敘部、國民黨中央黨部、中國文化大學城區部……等等。

聲譽卓著，收入漸豐，積資購置台北縣板橋市江翠里面積一百坪廣廈，半作住家半教學之用。易拳社之名號為「楊派鄭門干氏信義拳社」，創設中華民國太極拳協會直屬第十支會於台北市信義路三段，任理事長，後膺選石覺將軍理事長之中華民國太極拳協會理事兼學術研究委員，復應聘任時中學社顧問兼高級班教練。

捨棄教學雙架，化繁為簡，要皆傳衍鄭夫子太極絕學。春風廣被，樹桃李以千行。化雨均霑，奠基於百載。是以太極拳子弟無不爭列門牆。

干師兄虎背熊腰，雖高齡神明湛然。咸以耄期為可企。不意客歲（民國八十六年）十月二十二日心臟病突作。奄忽之間，便捐館舍，春秋七十有八。

61

恭錄恩師干嘯洲先生
練拳應注意要項

一、心悸煩躁，太飽太餓或房事後，均不宜練拳，應暫停四小時而後始可。若胸腔不暢氣悶，宜於樹蔭下散步數分鐘，喝幾口溫開水再練拳。

二、意守丹田，動腰不動手，用意不用力，玉枕骨永保正直，體鬆自然下沉。足踝全鬆，足掌自然貼地。眼宜斂，神宜聚，是為切要。

三、道技兼修，虛懷若谷，逆來順受。以修身祛病延年為主，技藝為輔，切勿驕矜好鬥。

四、不可過於將氣逼沉丹田，因沉不合其時，易生流弊。如覺一勢有不舒適之處，當請老師改正，務達舒適為止。

五、兩手虛實轉換在夾脊，兩腳虛實轉換在尾閭。

六、立身要有軸，以最小半徑發化。

恩師干嘯洲先生恭錄
曼青公練拳要點

一、髯師常云：行氣運身，為本為內，鼓盪為末為外。內斂為靜，鼓盪為動，但以相應，是為合一。

二、右手實勁交與左手時，變換虛實在夾脊。右足實勁交與左足時，變換虛實在尾閭（反亦同）。

三、太極拳靜合、動分，至於開合，以形與氣而言，形開則氣合，形合則氣開。

四、夾脊與尾閭必須得中，方不失中定，切要切要。

五、練架均保持平正均勻，平正方能安舒，均勻方能貫串。

六、鬆，要全身筋絡鬆開，不可絲毫緊張，所謂柔腰百折若無骨，若無骨，祇有筋耳。

以上幾點是髯師平日強調，無非提綱挈領而已。拳論有云：動急則急應，動緩則緩隨，雖變化萬端，而理則一貫。若能窮究苦練，心神領悟，思過半矣。

尊師重道

　　民國六十七年跟隨先師干嘯洲先生學太極拳，六十八年春，本人執弟子禮正式拜師入鄭門干氏門下。其後三至五年，是我學拳的黃金歲月，幾乎每天清晨均準時到新公園練拳，晚上也會抽空到信義拳社與師兄弟切磋推手。

　　在這段學拳的歲月裡，除了體驗先師高深的拳藝外，最讓我感到佩服的，則以先師尊師重道的精神，以及對同門師兄弟的真摯同門之情誼。在任何教拳或演釋拳藝的場合，先師言必稱師爺之傳授，時常感念師爺功夫如何了得。甚至在先師寫給我們的太極心法手稿，也均以師爺對其教誨與影響來感懷，而表現在生活的舉止，對師爺的尊重更是溢於言表。

　　記得在一次師兄弟的聚餐會上，師伯們談起一段往事，由於先師出身軍旅，也許是軍人本色吧，對於師爺交辦的事，絕對戮力以赴去完成它，但也因此發生一些糗事。譬如先師的口頭禪是「絕對服從老師的交代，以赤誠之心忠於老師」等語，時常迴盪在其師兄弟間傳為美談。此種發自內心，表現於行動的個性，總是在師爺開口交辦事情，但話還沒說完時，先師就迫不及待地跑開，急著去辦事。師爺得及時制止說「嘯洲啊！我都還沒交代清楚辦

什麼事呢？」使得先師丈二金剛摸不著頭緒，也惹得在場其師兄弟哄堂大笑。其實這就是先師「有事弟子服其勞」的真性情。

民國六十年初，由徐憶中師伯介紹了幾位學生，先師正式在新公園開始教拳。因此在教拳過程中，總不忘提起這段往事而流露感恩之情。俗云「不遭人忌是庸才」。由於先師的太極功夫到位，總不免引起一些閒言冷語，但先師仍秉「直躬不畏人忌，無惡不懼人毀」之信念待人處事，不予辯駁，而一笑置之，全力發揚鄭子太極拳。

有一位師伯曾說，先師個性耿直，敦厚，無心機，不會算計人。如非必要，絕不與人為惡，但對於有詆毀師爺的事，則毫不留情的給予還擊。聽說有一非門人在閒談中，曰：「某某人的功夫比鄭老師的強」，惹得先師二話不說，與此人翻臉理論。由此事可鑑，先師對師爺敬重之深，可謂誠於中而形於外也。

民國六十七年我經黃慶韶師兄引薦進入師門後，無論在新公園的樹蔭下或信義拳社裡，都得到不少師兄弟的指導。昔日的信義拳社，是師兄弟們晚間練拳與推手的場地，記得剛進入拳社大門，首先映入眼簾的就是師爺的遺照，祖師與至聖先師的牌位，擺佈莊嚴。每次到拳社，都由掌門方師兄或李師兄帶領眾師兄弟盤拳，之後再由先師帶領大家向祖師牌位與師爺遺照行禮敬拜。再由先師講解課程。

先師在講解太極拳要訣的課程中，時常以「曼師云，或恩師常說」等語，來提醒我們如何修練太極心法。民國

六十八年在我拜師的前一個月,先師寫了一篇「要鬆才稱太極拳」講稿如下敘述:「各位敬愛的賢契,太極拳不可與其它拳術同日而語,它對體用均是個原理,對用方面,執一馭萬。體方面,心為令,腰為主,不動手是也,且講求鬆與柔。例舉原理有:『一平衡,二對稱,三循環』平衡以中庸為準,恩師所謂時中也。對稱以陰陽為準,恩師曼公最注意分清虛實,全身重量祇許放在一隻腳上。循環以圓轉為準,恩師所謂磨轉心不轉。所以練太極拳重在原理,不在拳架姿勢之多寡,更無須有門派之爭。恩師常說,他五絕中對太極拳最有興趣,且造詣也最深。他老人家一生對拳藝之經驗僅有十二字,『吞天之氣,接地之力,壽人以柔』。以上所提希各位明瞭太極拳原理祇有一個,切勿參入它理也,慎之審之。」由這段心法,可知先師對於師爺之拳理是如何尊崇。

民國六十九年十一月,第四屆中正盃暨太極拳比賽期間,我隨先師到飯店拜訪由馬來西亞率團返國的黃性賢師伯,到黃師伯下塌的飯店時,先師非常敬重黃師伯,並時常在師兄弟面前稱師伯功夫造詣深厚。而對於師伯談拳藝時,總是在一旁點頭稱是,讓我印象非常深刻是,餐後黃師伯教我們鬆身法時,他也一起參加,此舉更是難能可貴。此種行止直接影響到我輩師兄弟日後切磋推手時,能不以勝負相互較量的觀念。

對於鬆身法,黃師伯說對全身放鬆非常有幫助,民國七十一年黃師伯再次應石覺將軍之邀,回國參加南部五縣市第一屆太極拳推手賽時,正式演示其鬆身五法並舉辦研

習營。當時我因忙於剛創立的公司業務，雖聽聞此項盛會，但未能親逢其盛，殊堪可惜。回想起六十九年黃師伯所演釋給我們師徒觀摩的鬆身法，應是鬆身五法的前身吧！

新公園的晨間太極課，時任太極拳協會理事長石覺將軍，亦常蒞臨指導我們。雖然在先師的教練場，但祇要石將軍或師伯們到場示範，就算拿先師當靶子，先師也都樂於配合，真是難能可貴。甚至私下特別叮囑眾弟子與師伯們交手，儘量放輕鬆，不要著急以力推，要當師伯們的靶子，學習聽勁與接勁，切勿逞強跟師伯們槓上，這就是先師尊師敬朋的一面。也因為如此，多位師伯也樂於常到我們的場子與眾師兄弟分享。無形中讓我們有許多機會揣摩各種勁道。而先師這尊師重道的精神，更是我們後輩學習的好榜樣。

韓愈曰：「師者，傳道，授業，解惑也。」鄭子三十七式太極拳，源自大陸湖南國術館陪訓全省太極拳教練，鄭師爺時任該館館長，為了教學需要而創編。且於民國三十八年客居台北，應台北市游彌堅市長之邀，正式在台傳授，徐憶中師伯為第一屆學員。如以傳鄭師爺太極拳道論，則徐師伯應居首功。為了發揚師道，在接下時中學社之重責大任與創設中華民國鄭子太極拳研究會後。即孜孜不倦於拳藝之傳承。

徐師伯生肖屬牛，故自喻為老牛，而以「老牛已知夕陽殘，不用揚鞭自奮蹄」之格言自惕之。以其耄耋之齡，嘔心瀝血籌資興建鄭曼青紀念館，並將畢生收藏之師爺書

畫佈置在館內，且席不暇暖來回兩岸三地傳揚鄭子太極拳藝。在台舉辦第五屆楊派五代論壇，更是當年度兩岸太極拳界一大盛事，備受兩岸楊派先進之肯定。論尊師重道之情操，實無人能及也。這些年，徐師伯更把發揚鄭子簡易太極拳觸角深入大陸。也為鄭子自修新法大陸版，日文版之出版奔波世界各地。如今鄭子太極拳道已遍及世界五大洲，門徒逾數萬人，徐師伯居功厥偉。

然祇要晚輩談及這些歷史大事紀，徐師伯均稱忝為棉薄而不居功，實為現今太極拳界耆宿。此承先啟後，尊師重道之勛德，以我之禿筆，實難敘述徐師伯功績於萬一。此番榮景，相信先師如果還在世，也將竭力輔佐，惜先師無福親覩今日勝況，亦為一憾事矣。

【註】

每年清明節前後，徐師伯都會率時中學社之莘莘學子，到鄭師爺的陵墓謁拜，緬懷師爺德澤廣被。或有國內外團體參觀鄭師爺之紀念館，徐師伯也會親自接待，鉅細靡遺地解說鄭師爺的一生軼事。此所謂傳承、尋根，尊師重道，一代宗師之風範，真情表露無遺。本人為太極拳明師干嘯洲之弟子，因感念先師與徐師伯之行誼與風範，值得晚輩們學習而敘作此文。

不經一番寒徹骨
那來梅花撲鼻香

　　在時中拳社教學中，蘇師叔談及他們從學於師爺的眾師兄弟裡，拳藝各有體用，各有專精。以推手發勁的造詣真正出類拔萃的佼佼者，非吾師干嘯洲大師莫屬，此絕非虛言。但吾師之成就也是其來有自，所謂「不經一番寒徹骨，那來梅花撲鼻香」，「功夫要下的深，鐵杵才能磨成針」。蘇師叔回憶起吾師學拳的精神與軼事說：當年交通不便，老師住在內湖，由內湖到永和師爺住處騎單車要一、二個小時，所以老師必須起個大早，不畏寒風凜冽或雨路泥濘，總是迎著晨曦，踩著單車趕在凌晨五時左右到永和師爺家。經常到師爺家時，師爺還沒起床，老師就在門外站樁，等師爺娘開門才進去練拳。曾有一次，到了師爺家時，因為內急無法忍受就敲門驚醒師爺，師爺娘在幫他開門時提醒老師說：「一大清早敲門不要太大聲，免得驚吵左鄰右舍。」事後師爺告訴老師說：「以後你來的早，就自個爬牆過來，在院內練習較暖和」。由此可知，師爺對老師疼惜與關懷。也由於老師此種鍥而不捨的修練精神，造就了他在太極拳無上成就。

　　民國六十七年冬，一天清晨當我散步在新公園（今二二八公園）的林蔭小徑上，偶遇老師將一位洋人彪形大漢

發勁向後跌出尋丈遠時，心想這到底是甚麼功夫？怎麼可能以老禦壯？在好奇心驅使下走進太極拳的世界裡，是機緣也是巧遇。

在游添灯的《太極拳修練的理體與方向》一書裡說：祇有有福的人，才能接觸到太極拳，如果能遇到一位能教又願意教的明師，更是福緣，吾輩師兄弟們能遇到老師得明師之指導，也算是前世修得的好福氣。

在跟隨老師學練的過程中，我曾因工作關係中斷一段時間，但是我還是時時記住老師的教訓：「要站樁；每天早晚至少三十分鐘，站樁時不要怕腿酸，『酸』才能長功夫。練拳時身體要鬆，不鬆就不是太極拳。」雖然這些話都是太極拳界的老生常談，但是所謂師父領進門，造化在自己，修練太極拳遵從師傅口授下功夫苦練，別無捷徑。故我無論行住處臥謹遵師訓，無形中對我工作與身體健康，均起到良好的作用。

有關老師為人師，為人師兄弟，以及尊師重道之精神，在此次冥壽聚會師兄弟多有提起，要言不繁，我不多做贅述。

老師是一位近之則嚴，既之也溫的長者，所以剛入師門時，都是由師兄姐們糾正拳架的缺失與教導基本功，譬如川字樁、六合式、活動沙包、熊經等，在師兄弟的互動中，更是獲益良多。

如陸關祥師兄之沉穩內斂、對於拳架、站樁的要求是一絲不苟，黃鴻湖師兄豁達健談、融合師兄弟的感情，陳碧輝師兄之文采奕奕，出口成章，林財賢師弟拳架之綿綿

不斷，如行雲流水，推手之內勁繼承了老師之絕技，洪聰明師弟的鬆柔鬆空，和捨己從人之太極精神，都是師兄弟互相觀摩學習的益友。

拳經論有「默識揣摩」之名句，意思是說修練太極拳要有拳師、拳友的良好環境，才能相互揣摩默識太極拳之理體。記得老師生前，在跟隨老師學拳的日子裡，無論是清晨的新公園林蔭下，或是晚間信義拳社的撞牆聲中，都會勾起師兄弟與老師互動的溫馨畫面，眼前浮現的是三、兩師兄弟互相切磋推手、指導拳架的情景。

洪聰明師弟是老師的標準肉靶子，阿在師弟則是苦練推手的典型人物，蕭師姐行拳走架那種專注，旁若無人的神態。尤其是老師發勁於無形，以及當你接觸老師身體霎那所感受到既鬆且柔的太極體，和老師那龜背熊腰穿梭於全場的豪邁身影，歷歷在目，真不敢相信老師已離我們遠去，逾十年寒暑。

回想老師那種一沾到他身上，他祇要作很小的鬆沉旋腰即可「引進落空」，不用坐腿就能「合即出」，發勁於無形的制人功夫，真是吻合了授秘歌「無形無象，全體透空」的境界，誠所謂「動之至微，引之至長，發之至驟」。老師根本不用在接手時，坐腿轉腰，把人帶過來再發出去。此種發勁功夫，在吾輩師兄弟中，以我親眼所見，親自體驗，前有劉弘白師兄、黃慶韶師兄，後有林財賢師弟，均幾乎得到老師真傳，由此可知，老師對於太極拳藝，從不藏私，祇要你肯學，絕不會「入寶山而空手回」。

　　太極拳是中國文化的一部份，國人最注重的是傳承，有人說：中國人有兩把火，一把是「香火」，一把是「薪火」。所謂「薪火相傳」，告訴吾人不忘「根本」，唯有傳承才有根，才不會像水中浮萍四處飄盪。老師生前授徒數百，也曾整理手邊資料文稿，準備出書，將畢生心得貢獻國家，回饋社會，可惜壯志未酬，徒留遺憾。

　　老師太極拳功夫傳承，責無旁貸落在吾輩師兄姐身上，這是我們的責任，也是我們的義務。所謂枝繁葉茂，在吾輩師兄弟中，謝昭隆師兄默默地在耕耘，收徒授藝。是值得吾輩師兄姐積極跟進的。我曾受邀參加他的收徒拜師大典，一切按古禮儀式，其注重傳承，尊師重道的精神，讓我感受良深。

　　徐師伯曾向黃鴻湖師兄說：「干師兄收了你們這批好徒弟。」是勉勵，也是期許的話，期許吾輩師兄姐弟發揚師門。黃師兄也常說：「老師往生後，師兄弟不會再增加。」在他的心目中師兄弟的感情比親兄弟還親，因為師兄弟有共同的話題，共同的太極理念，我們應該珍惜這份師兄弟緣份。由此次老師八秩晉八冥壽聚會，我們感受到了，看到了師兄弟的熱烈參與，看到了師兄姐弟們對老師的懷念。當天大家齊聚一堂闊談太極理體，緬懷師恩浩盪，也共同決定全力完成老師生前遺願，發行干嘯洲大師紀念文集，此次老師文集能發行成冊，師兄弟們能竭智全力，居功厥偉。祝我鄭門干氏太極拳功夫枝繁葉茂，根深蒂固，永遠傳承下去。

研讀鄭師爺自修要略
對功架之體悟

　　吾謂鄭師爺太極拳自修新法中「自修要略」為指導功架，體用的最佳論述，絕不為過，其融合了張三丰祖師的拳經，王宗岳的拳論，行功心解，十三勢歌之要訣把功架之要訣，一一加以剖析，使習練者得拾階而上。一篇不到千字的自修要略，開頭的百字竟能將太極功架剖析得如此淋漓盡致，真不朽之名作也。

　　「自修要略」開頭即提醒練功架者，切記「一動無有不動，一靜無有不靜」之特性，要習練者，須動靜分明，更提醒尤須虛實分清，所謂虛實分清即拳架首需練根，練下盤。下盤穩固了，猶如蓋房子將地基打得堅固，才能築起高樓大廈，即其根在腳。但人有雙腳，行拳走架，必須雙腳虛實分清，左腳實則右手實，右腳實則左手亦實，全身重量，祇許放在一隻腳上，此乃一貫之勁也。這就像劃圓的圓規之雙腳般，金屬尖頭端立點須深入紙張，而鉛筆端須放虛輕敷紙面，才能靈活地劃出圓來。

　　主宰於腰，腰隙乃兩腳虛實轉換的轉換點，在虛實轉換完成的當下是靜，虛實轉換的過程則是動。動則全身內外皆動，不獨手腳要隨腰而動，自頭頂及踵與眼神，皆須隨腰而動。這猶如轉輪鼓，當握把一轉動，整隻轉輪鼓無

有不動。更有如行駛中的汽車，四輪一轉動，車體也跟著移動。但動中卻又隱含「一靜無有不靜」，車體祇是隨著輪子轉動而移動，實際上它本身卻還是不動的。

行拳亦然，步隨身換，兩腳虛實轉換由靜而動，由動而靜，但上半身僅是隨兩腳轉換空間而移動，本身是不動的。這就是一動無有不動，一靜無有不靜的真諦。人體的兩臂與上半身連成一體，且以關節為連接點以筋絡繫之，猶一鬆緊帶之維繫，在上半身移動時，雙手隨上半身的空移，受到空氣的阻力而動盪，此非自動，主動，而是因身體空移受空氣的阻力，使手隨腰產生貫性運動而動盪。這有如彩帶舞中的彩帶，其祇能隨桿頭而動，永遠跟著桿頭而走，自己是不可能主動，自動的。

「自修要略」的第二段，以「尾閭中正神貫頂，滿身輕利頂頭懸」來引喻太極拳的身形，不可搖頭晃腦，不可扭腰擺臀，眼神不可東飄西瞄，這就是中定。所以師爺特別強調「頂頭倘有擺動，秘傳所謂雖練三十年不得成功」。必須做到尾閭能得中正，神乃能貫頂。

自修新法拳架篇中預備式提到「自尾閭至顛頂，要有意氣相貫，務求內外合一」。此猶如手提的燈籠，將燈籠總其體於一線中，懸於手上，而底下之燈穗猶如雙腳亦垂懸於地下。而意則如繫在弓背的弓弦，兩端均繫於弓背兩頭，形成對拔拉長之勢。

師爺曰：「正猶總其髮若辮子，懸於樑上之意耳。」頭即懸於樑，腳須輕貼於地，則對拔拉長之勢，明矣。

在全身分虛實上，師爺更進一步地解析，手與腳的對

應關係，在自修要略第三段，即以拳論之「一處有一處虛實，處處總此一虛實」來引述，如無虛實，即無陰陽，無陰陽，便非太極。

明王宗岳太極拳論開宗明義曰：「太極者，無極而生，陰陽之母也，動之則分，靜之則合。」人體乃陰陽之體，故動之則分。祇要一動，兩手必分陰陽，兩腳必分虛實，且在靜與靜間產生之動，手腳必須有開合，故謂靜之則合，在動與靜的當下，左手必與右腳相應，右手必與左腳相應，此師爺謂「氣要貫注於左手勞宮穴，與右腳相應，反之亦然，此人體之交叉神經故耳」。亦是人體是否能產生一貫之勁的關鍵，學者不得不察焉。

全身重量祇許放在一隻腳上，全身上下，左右，內外均須隨腰而動，不得自動。此謂主宰於腰，以腰為軸，兩腳須分清虛實，兩手與兩腳交叉相合。兩腳不分清虛實是雙重，兩手未與兩腳交叉相應亦是雙重。拳經云：「處處總此一虛實。」即其根在腳，將全身重量必須放在一隻腳上，上半身不得偏斜，乃能立身中正也。

以上所述，如以三階九級論，根本還未進入一階一級的太極拳門檻，屬基本功之訓練與體悟之階段。身形的參詳，所謂手眼身法步，當身形鍛鍊到周身節節能貫串，則氣可以通矣。當氣通血旺，氣能通行於全身經脈，腱膜。全身猶如一顆充滿氣的皮球，任何外力擊來，均能自然而為地反彈回去，全身筋骨腱節節貫串，發勁提放應物自然，絲毫無拙力，化而後發，即化即發，作用力與反作用力，即著即放，執一馭萬，沒有任何遲滯。公園裡的翹翹

板，這一端按下，另一端同時翹起，軸心不動，如果吾人全身上下左右內外均能如是，任何筋骨皮肉均具力學槓桿之作用，則太極體成矣。

進一步當行拳走架能知身體氣之鼓盪，猶如陸地游泳然，感受到四周空氣有壓力，有阻力，空氣非空，猶如水。我曾教學生杵立在逆風中站樁，先以靜態之體，與逆風相搏，用肌膚去感受空氣之阻力，風行則草堰，風吹蘆葦盪。當修練到感知外在空氣之阻力，與內氣之鼓盪，進一步感覺自體產生阻力，即能體悟何謂虛則實之，實則虛之，所謂有意打人非真打，無意打人方真打之妙處。

師爺在陸地游泳篇，明示太極拳運動如游泳，是柔的運動，且勝於游泳。以魚為喻，魚生於水而知水，悠游自在，人生於空氣而知空氣否？人如能知空氣如魚之知水而用之，則益身體也。這讓我想起一首童歌：「魚兒，魚兒水中游，游來游去樂悠悠。」空氣中之氧氣，取之不盡，端看你如何取用，能多取則裨我身體大哉。

體用之妙，在能久泅，即吸飽呼盡。一吸中吸飽空氣中之氧氣與我丹田之氣相互鼓盪，並在我體內充分循環，裨於每一寸肌鍵，益於每一細胞，再吐盡二氧化碳。這猶如淨空瓶子，為下次裝滿水做準備，如果你無法淨空瓶中二氧化碳，下次所吸入的氧氣就有限。如果能悟此道理而力行之，則長力有何難。歛氣入骨又有何難。

能久泅，能長力，身體內外不緊張，以「內固精神外示安逸，得此體用兼賅之妙」，捨己從人之修養，不動手之訓練，不用力之體悟，這就是學吃虧，是捨的基本要

素。太極拳的修養，捨是最難做到的，當人在極端飢餓時，一旦有東西吃，要捨口腹之慾，是何等難求。更何況是身體四肢百骸之捨，更難，放棄反抗力，放棄攻擊的念頭，絲毫不可頂抗，把一切的一切全都放下，不怕吃虧多難啊。惟人一旦立定一個目標必能化難為易。

　　此即是先師常說的抱元守一，執一馭萬。如將此力量化成修為鍛鍊，從內心做起，則有無窮的潛力鞭策著。學練太極拳必須具此磨練內心修為的力量，磨練出捨己從人的精神，所謂「內固精神，外示安逸」。內心不緊張，一切行為交由副交感神經作主，則心肌腱不緊繃。放下心來，能從人而不由己，一切應乎自然，果有此不動心修養，更臻「及吾無身，吾有何患」。即孟子所謂吾善養吾浩然之氣，文天祥為了國家正氣，捨身成仁，連生命都可犧牲，吃虧又有何難。古云：「泰山崩於前而面不改，麋鹿興於左而目不瞬。」寒山拾得問答的修養❶。這就是太極心法的修持與膽識。一心向善，立志向此境界求去，太極功夫上身，指日可待也。

　　太極拳，長拳也，如長江大海，滔滔不絕，如錢塘江潮，一波接一波綿綿不斷。當其動時，其勢可捲起千堆巨浪，盪出千丈潮。而其動者必有主力推動，此乃丹田之氣與空氣互相鼓盪而致之。以丹田氣運之而後動，動之餘力而回盪，師爺云此乃「易之剛柔相摩，動靜相間，八卦相盪也，亦力學所謂循環，慣性之力也」。天地為一太極，處處充滿著動與靜，動與盪相合。先師嘗勉曰：「希諸位賢棣，要領悟的，全身鬆開，全由腰帶動手足，凡腰無法

轉動可利用腰的餘力盪下來，這就是鬆的要求。」人體為一小太極，行住坐臥如能時時以內氣運而後動，並以動之餘力，產生慣性而盪之，則動餘必有其盪，盪之未定後續之以動。如此循環不已，滔滔不絕，週而復始，永無間斷，則太極拳之體全矣。

上善若水，太極拳之心法，以水喻之，因水能以其體就他形，隨遇而安，能方能圓，能遷能就，不留間隙。遷者，載物而行，緩急如意。就者，隨曲就伸，有方則固，無方則漫。漫者因勢利導，不隨我意。固者凝神斂氣，隨意而定。順勢而為而不逆勢而行，以形體，心，意若水然，則用全矣。

太極拳乃知覺運動，以心馭之，則心領神會。十三勢行功心解謂心為令，師爺更以「心為令」為練太極拳唯一要訣。古堯舜禹湯一脈相傳曰：「人心惟危，道心惟微，惟心惟一，允執厥中❷。」即以心為中心，兢兢業業地修練。心為意之神，意為氣之帥。

師爺曾云：「要意沉丹田，用意念在丹田，慢慢地就會氣沉丹田。只要心歸丹田，心守在丹田，氣亦會馬上歸丹田。其他的一切運動，均是枝枝節節在運動。」此所謂五官惟心為主，六賊於神有礙，心靜則神無主，神明而賊不起，內賊不起則外賊不侵。

大學所謂，靜、定、安、慮、得，於我何難。以內心修持為出發點，心與氣相守於丹田。以心行氣，以氣運身，待腰能便利從心，手足方能隨腰而動，則「立身中正安舒，支撐八面，行氣如九曲珠，無往不利」。能知此則

太極拳運動是用意，是手足不自動，是不用力，明矣。

綜觀全篇，對於功架之論述，外則手眼身法步，要求習練者須一動全動，一靜全靜。手足不自動，眼神須隨腰而動，不動手，身形須對拔拉長，始得中正。內則氣沉丹田，以心行氣，以氣運身，繼之氣宜鼓盪，做到丹田之氣與空氣互相鼓盪。全套功架以神行，以意走，綿綿不斷，有如長江大河，滔滔不絕。

【註】

❶昔寒山問拾得，曰：「世間謗我、欺我、辱我、笑我、輕我、賤我、惡我、騙我如何處治乎？」。拾得回云：「只是忍他、讓他、由他、避他、耐他、敬他、不要理他，再待幾年，你且看他？」。

❷禹：大謨論。

靜坐心法

　　靜坐之法，係修真養性之工法，為練精化氣、練氣化神、練神還虛、練虛合道之至上法門，亦即修養身、心、神、氣、長生不老之必要門徑，其基本法全在正軀、調息、空心、止念，八字上，八字全，行氣始，設無真傳，往往無益而有害。

一、正　軀

　　靜坐之時間與地點，可不必拘泥宜面東或面西而坐，惟須注意避免風寒侵襲，亦無一定之長短，可久可暫，視功行之深淺可用之時間而定。

　　坐處首重舒適，凳椅床桌均可，坐下宜墊以富彈性之坐墊。兩足先宜平放，兩手自然置於膝上，所謂正身端坐。或單盤或雙盤或如意坐均無不可。但須頂懸身正（即虛靈頂勁）沉肩含胸，周身鬆開，舌抵上顎，舌根深藏，唇齒相合。二手以左掌之背疊於右掌心中，貼近小腹之前並將兩腕自然平放兩股上，此負陰抱陽也。腹宜收，腰宜直，胸宜平，頸宜鬆，頭宜正，此所謂正軀也。

　　然開始之時或初練者，不可過於勉強，總以自然舒

適，周身上下血氣通順，筋肉鬆開為度。所謂心想即定，寬於臍腹，無我無他勿忘勿助，一切思慮均置度外。收視反聽謹於耳，則精在腎，目不外視。而魂歸於肝，謹於口，則默契不談，而神歸於心。謹於鼻，則鼻不外嗅，而魄歸於肺。謹於意，四肢不動，則用志不分，而意歸於脾。精、神、魂、魄、意、腎、肝、心、肺、脾，各有所歸，各復其命，則天心自見，別有感覺發生。倘功至上境，則自然而合正軀之要旨。

蓋彼時若不正軀，則將感不舒適也。或過於強求，則犯揠苗助長之弊。古云：「氣是天年藥，心為使氣神，若知行氣術，便是得仙人。」

二、調　息

氣息為維持生命之根源，故調息為靜坐養氣之重要過程。當坐定後應即開始注意呼吸使其順乎自然趨於均勻，漸至細長而深入，終至貫聚於丹田。切忌急促或出氣使耳聞，或由口內出氣，亦不可有意為之，必須使其自動運行。浩然之氣，自然充沛於周身。坐至佳境時，周身內外皆異常舒適。

此時口宜輕閉，舌抵上顎，口中舌下，津液自然湧出，俟其滿口，徐徐嚥下。不可出聲使耳聞，所謂水火即濟，乾坤交泰是也。復以意送至丹田。深漑於臟腑為無上補品也，功境愈高，一呼一吸，愈深愈長，則延壽續命之功亦愈大。惟初學之時，四肢頗感不舒，妄念亦難止息，

若久而行之，自能消失。

　　初學尤應注意不可行氣，但以鼻作呼吸，求其自然為主。因行氣須至相當程度，方可練習，否則易生弊端。如意氣上升，有腦充血、神經錯亂之患。意氣中隔，有胃病、心臟病之憂。意氣下沉，有痔瘡腸疝之疾。迄功深後，則兼以口或僅以臍輪呼吸（行氣為上乘功法，非真傳不可，否則走火入魔，故不宜筆述）。

三、空　心

　　內在方面，靜坐時外形與氣息既獲定靜，應即開始空心斂神之工，欲求空心，必先死妄心、節淫心。妄心除則神寧，淫心息則氣足。神寧氣足，乃能化真精為陽氣而上升於泥丸。陽氣上升即可補益於血液循環。自當助益於身心之健康矣。

　　所謂死妄心節淫心者，即除去七情六慾之牽纏，撥開貪戀色性之蒙蔽，甚至忘卻本身之存在。佛說掃三心（過去心、現在心及未來心，謂之三心）。去四相（我相、眾生相、佛相及壽者相，謂四相），蓋此之謂也。總之空心者，即不但要作到腦筋中一無所有，更要不為外物所擾。古哲所謂泰山崩於前而面不改色，麋鹿興於左而目不轉瞬，即指此也。

　　練此工故非易事，可以閉目垂簾法以助之。當正軀調息之後，即將雙目微閉，收斂神光，如低垂簾幕，微露一線光亮，守住鼻下身前咫尺處，眼觀鼻，鼻觀心，勿使游

離，而腦筋之注意力則集中身內某一處，久之神自不散矣。此時初學者每易朦朧入睡，如感恍惚欲睡之境，可即將目光微微放大，睡意自去矣。所謂注意力集中身內某一處，即守竅之說也。

人身竅穴甚多，初學者宜自低下處作起，功境愈深，愈往上移，功境愈益困難。所謂「仰之彌高，鑽之彌堅」。是也。通常應守之竅穴，由下至上，例如下述：

下丹田：即臍下小腹處。

神闕：即臍之中心。

中丹田：即臍上約四吋處。

上丹田：即兩乳之正中陷下處。

準頭：即鼻尖處。

山根：即兩目中間鼻樑處。

明堂：即兩眉中間。

天庭：即額上正中。（點火之穴）

泥丸：即頭頂正中，百會穴下一吋三分處。

四、止　念

去邪養正。念有正邪之分，正念為無心之念，即不以自己心意所發生之念頭，為客觀之意念，可以明察事務之真理，格物致知之工，即從此處做起。

靜坐時發生此種正念，應予扶持，不可使散。即大學所謂定、靜、安、慮、得之工也。邪念為有心之念，即由自己心意所發生之念頭，為主觀之慾念，乃物慾之蒙蔽，

色情之貪戀。凡人傷天害理之事，皆從此生。靜坐時發生
此種慾念，必須卻除。故止念乃除去有心之邪念，而服持
無心之正念也。此工乃修真養性之至上功境，所謂練虛合
道是也，最為難成就之工法。聖賢凡愚之分，全在此一念
之間，自非一般庸夫俗子所能輕易做到者。

惟只要能依法做去，不畏困難，循序漸進，功行日
久，自然純熟矣。孔聖教人正心誠意之功，皆從此處獲
得，可不勉呼哉。

【註】
古先賢曰：「修工得功」，工與功，音同義不同，由
此可鑑。

談椿功

　　有從學者問：如何才能長根，曰：從站椿始，憶初進師門習拳，先師時而提醒，以站椿為首要，站椿是椿功之一環，曰基本站功，基本站功有五，曰渾元椿，護心椿，川字椿，開展椿與宇宙椿。

　　師曰：「站功實為修練太極拳最重要關鍵，與靜坐有異曲同工之妙，靜坐雖亦靜中求動，與太極拳功架，動中求靜，相輔相成，而站功則無阻礙血路之虞，且能增強根勁與內功滋長。」

　　記得當年，每日清晨到新公園練拳，先後到達的師兄弟們，各自做完鬆身軟筋運動後，均一言不發地站起椿功，等先師來到，才一齊跟著師父練基本動功，如精簡五禽戲，熊經等。

　　初習椿功時，無法把心靜下來，且站不到五分鐘就腳酸難耐。尤其站川字椿功更甚，故常以左右換腳舒解之。觀吾師每次站椿均三十分鐘以上才換腳，真羨煞人也。然久而久之，我也能單腳站椿達十五至二十分鐘。如今憶此，站椿仍培基固元之根本，不可忽視。猶如小樹苗欲長成大樹，必給養分，才能根深蒂固，本固枝葉繁茂。

　　先師常提及：「練拳不練功，到老一場空，站椿者，

練功之始也」。又說：「初學者，首要站基本功夫及基本活動，如建高樓，先固基，蓋基固雖高而穩，則無虞震撼矣。」

在所有樁功裡，最基本亦最難修持者，渾元樁也，此所謂太極拳始於渾元樁式，陰陽未分，猶如大地渾沌初開，由無極生太極，太極生兩儀，兩儀生四象，太極之道也。故所謂「道生一、一生二、二生三、三生萬物、一為體、二為用、三為造化，體用不出於陰陽，造化皆因於交媾」❶。大自然陰陽之道體現於人體。太極心法由樁功到功架，以內修輔外練，以外練助內修，又何嘗非如此。

渾元樁雖曰無極，然無極中有太極，由太極陰陽虛實變易，如環無端，綿綿不斷。初習者，以渾元樁功靜練為宜，靜中求動，先由思想放鬆，肢體放鬆，調整呼吸等。使血氣周流全身，透過樁功將後天拙力，本力轉換成圓勁，此為功架之源頭❷。所謂乾坤交媾而生兩儀，三才，四象、五行而八卦，繼而可生化萬物，則太極拳功架綿綿不斷，滔滔不絕，週而復始，斷而復連。當領悟渾元樁功的理象後，其所衍生之功架，要理解其陰陽相濟，虛實分清，也就不難矣❸。

太極站樁能在極靜的身體狀態下，感知全身肌筋腱的變化，是一種內省功夫，在靜中檢視你的肌筋腱骨的調整態，一方面檢視修練者的恆心與耐力。

人體有如一部公共汽車，當公共汽車載滿乘客到站時，上車的乘客擠成一堆，有如沙丁魚般，肩併肩，背靠背，根本動彈不得，喘不過氣來。但當公車啟動後，慢慢

地，公車上的人們又自我調整出空間來，氣也不喘了，心也放輕鬆了，人也安靜了。

修練椿功的過程未嘗不是如此，剛開始站椿，全身肌肉僵緊，體內細胞組織分子與分子間也相互推擠僵持。心情緊張，表情僵硬不自然，交感神經興奮，當站椿到全身痠痛時，心情更是浮躁不安，四肢痠痛幾至無所適從。全身筋肌腱就像擠公車般渾身不自在，不舒服。但祇要你把心放下，抱著隨遇而安的心情，慢慢地當心情舒緩下來，全身肌筋腱也會自我調整，自然放鬆，細胞組織分子與分子間也舒緩下來。自然放鬆，且愈站愈舒服，到了欲罷不能的地步。

所以，站椿必須從心開始，正心誠意以修身，姿勢要求立身中正安舒。意念要求頂天立地，頂頭懸。意從丹田守起，漸漸往湧泉移動，讓湧泉與大地完全貼合，身體與宇宙合而為一，直到天人合一，渾然忘我之境界。

記住，站川字椿時虛腳跟與地面須即若即離。先師比喻為將一隻螞蟻踩在腳跟處，不能將它踩死，更不可讓它走動。這種頭頂著青天，腳踩著大地的姿勢與意念，曰對拔拉長。也是我常說的弓背弓弦理論，提燈籠理論，琴弦理論。將全身重量放在湧泉穴立地生根，頭能頂懸則虛靈頂勁自來。

鄭師爺曰：「承天之氣，接地之力，壽人以柔。」俱根於此。當站到實腳腳底有一股熱氣往上竄。忽然有一天早上，睡覺醒來，第一腳往地下踩，腳底有刺痛感，不要驚訝，太極拳圓勁已慢慢上身了。

太極樁功非本能，而是學能，祇要談到武術，就離不開樁功，許多武俠電影裡描述主角不會武功，或功夫不高，但為了某種原因，想學習更上層的武功。遍尋名山遇到明師時，師父首先要求的就是從樁功開始。武術的樁功林林總總，不勝枚舉，但仍不外乎內家的樁功與外家的馬步樁。而太極拳的樁功，有俗稱站樁的靜樁功與動樁功，基本功夫的活步樁等。

外家拳的馬步樁，要求姿勢要低，大腿須平胯，兩腳開步大於肩寬，甚至為肩寬的兩倍，除了立身中正外，訴求的是練耐力與下盤筋腱的伸縮力。而太極拳樁功大多以高樁為主，強調的是「步大不靈」。開步以平肩寬為度，膝微屈之高樁式，此與身體的側面寬一致，才能均勻的承載整個身體的重量。

探討太極拳渾元樁身體結構，可發現剛好符合人體的黃金比例。張開兩臂，兩中指梢之間的總長度幾與身高等長。兩腳平肩寬，膝微屈微張時，兩腳剛好為等腰三角形的兩斜邊，並交會在尾閭，兩腳湧泉之連線為等腰三角形的底，此即為等腰三角形結構體最強之力學原理。今人亦稱金字塔理論。

記得孩童時代，鄉下曬衣服時，係以各三根竹竿，將頂端綁在一起，形成一個三角架，然後在兩組三角架間橫放一根竹竿，將洗好的濕衣服晾在橫竿上曬太陽。

有一次，母親因有要事要辦，來不及把衣服晾上，我就自告奮勇幫母親晾衣服。因個子太矮，所以把兩組三角架掰開讓晾衣竿放低，結果衣服晾到一半，整座晾衣架塌

到地上，把全部衣服弄髒了。事後，母親告訴我說：「你把三角架掰開，三角架就支撐不住濕衣服的重量了。」

在一次的站椿時，這事讓我想到與太極拳椿功的關聯性。「你把三角架掰得太開了，三角架就支撐不住濕衣服的重量」。母親的這句話，瞬間迴盪在我腦際。這不就是太極拳高椿功的理論基礎嗎？

太極拳高椿的原理為腿部的骨架是支撐力，大於肌筋的維持力，故兩腳有撐。而外家拳的馬步椿，則是肌筋的維持力大於骨架的支撐力，肌筋在緊繃態時，人的心緒較不容易放鬆。當心情無法放鬆時，腎上腺素又促使肌筋更加緊繃，形成一種惡性循環。

而太極拳的高位椿功則反是。太極拳椿功可以在氣定神閒的氣氛下站椿，達修養身心，修身養性之效果，增加內省內修內壯的功夫。配合意守丹田，氣沉丹田，則尾閭中正神貫頂，氣通三關，以刺激副交感神經興奮。當呼吸及脈搏從緩，唾液增加，肌筋充分得到放鬆，則氣能斂入脊骨。神能得睛明也。

太極拳椿功是內修內省的最佳功夫，是意動，氣動的功夫❹。站椿到身體自然微動時，不用在意，祇要守住丹田一點，用意往湧泉走，呼吸純住自然。湧泉似踩在兩顆注滿水的球體上，體內細胞組織分子與分子間全然放鬆，身體放鬆了，呼吸也放緩了，成為細胞與呼吸互為因果的良性關係。

師爺於三無畏篇云：「拳論所謂其根在腳，怕喫苦，則腳之落地不得生根，是以腳部之喫苦，有益於心臟及腦

部則無疑。其基本方法，初學者早晚抽三～五分鐘之暇，以一腳立地，左右調換，逐漸加久，逐漸低坐，注意氣沉丹田，足心貼地，不可絲毫勉強。站樁時，必須出食中二指，扶於椅角或桌邊，使其平穩站定。嫻習後，便去一中指，只用一食指扶站，久之則站更穩，可以不用扶而自然站穩。繼此則採取提手及手揮琵琶二式，多下站功。又預備式亦為站樁之渾元功，單鞭為開展功，此於體用皆有莫大之裨益，不可忽視也。」

陳炎林先賢在論站樁亦曰：「太極之樁步，分為馬步及川字步二種，前輩練太極拳，必先練此兩種步法，使下部有勁，不至飄浮，而後進習架子推手，方克有濟，良以此種步法，正如建造房屋之基礎，基礎若不鞏固，試問極閣崇樓高堂巨廈，又安能持載其上。」

對川字樁之論述則曰：「此式含有前進、後退、左顧、右盼、中定以及攻守等勢，故在太極拳中極為重要，前輩對於此步功夫，雖練數十年，每晨仍練習不怠。此樁功係為行步樁，打下良好的基礎。」❺

吳夢俠先賢在太極拳要訣提及站樁：「人之力，生於氣血，自然發動，由內達外，故通暢氣血，以鍛鍊筋肉，為習拳之基礎。其方法為站樁，站時須將肩架安排妥當，再從靜止之狀態去作整筋神經，調息呼吸，溫養氣血，鍛鍊筋肉之各項體認功夫。而使內外合一，以達弱者強，拙者化靈之目的。」

站樁時間之長短以舒適為宜，但斷續是時間，缺陷是空間，凹凸是形體，總歸是整體整勁，根於腳，行乎手。

在站椿的時間內，整個過程都要保持功體的持續，不能中斷，在空間上，必須保持形體的一致性，任何形體的凹凸都會使心理內在產生缺陷。故在拳經論裡有「無使有缺陷處，無使有凹凸處，無使有斷續處」。談的就是時間，空間的整勁，如果無法做到時空的整勁，就無法發揮其根在腳，發於腿，主宰於腰，行於手指的整勁效果。更談不上，由腳而腿而腰總需完整一氣的圓勁了。所以勁是由椿功修練出來了。

一個人生來本有之力，謂之本力，後天生活習慣養成之力謂之拙力，猶如一塊生鐵，未經鍛鍊淬鍊般。但經功夫修練出勁後，就有如百煉成鋼。十三勢行功心解「運勁如百煉鋼」。人體筋骨皮肉，百煉成鋼產生彈性，皮膚產生聽勁懂勁的敏感度，內勁丹田行氣如九曲珠，自然能外感內應。對於任何外力，隨遇而化發，瞬間自然反應，不需經由大腦指揮。

站椿記住這個原則，外練筋骨皮，內練精氣神，意念內守，斂氣入骨，日久生慧，自然無堅不摧。每次剛站椿時，筋骨皮肉難免鬆散，甚至於關節似卡住般全身難受、痠痛。此時更需學習放下，全身放鬆，由內心去自由調整體位。如前所述，這有如一部公車剛到站，車中擠滿乘客，而等公車的人，在公車剛停站，就迫不及待的往上擠，此時你在車上，一定覺得很難受。但當公車一開動，慢慢地，覺得每個人都已騰出了各自的空間，又不擠了。將這比喻為人體剛站椿到站椿後身心舒服，人體筋骨皮肉關節的自我調整，是非常恰當的。這就是太極拳站椿，內

心的鬆，鬆持練出柔中帶剛的真內勁。

在鬆靜無意之時，勁仍存留，其氣自然充盈全身，無絲毫間斷。則在推手時被擊之處，其勁必能逐步化虛。技高者，更能以黏巧之勁，又靈又捷，不見其形。手到勁發，未中之時無勁，既中之後無勁，惟中肯之傾，疾如閃電，一發便收，斂氣凝神，毫不費力。

莊子曰：「至人之息以踵。」息者，能呼吸深長，上達顛頂，下至踵，由腳而上至腿，由腿而上至腰，由腰而至手指，總能完整一氣。則以手指放人而跌出者，非手指之力也，其力仍發於足根，而人不知也。椿功練到上手虛，中腰靈，下足實，無處不相應，無時不輕靈。自然得心應手，得機得勢，制人而不被人制。

易經曰：「蒙亨，以亨行時中。」時者，時間也，中者，空間也，能時時保持形體之中定，則如「君子終日乾乾夕惕若」。鄭師爺在太極拳自修新法後記曰：「易所謂天行健，君子以自強不息，是謂人欲求自強，務在不息，然後可以如天之行健也，若能是，則習太極拳者，始可獲金丹換骨之效。」

【椿功】

1、是內省內壯內修的功夫，須以意導體，不尚拙力，內省平視、平肩、平胯謂三平。

2、是修練下實，中靈，上虛的功夫，下實則勁自長，中靈則化發自如，上虛則聽息自明。

3、是檢視恒心與喫苦的功夫，鄭師爺三無畏篇云：

「怕吃苦，則腳之落地不得生根，無畏喫苦，是以腳部之喫苦，有益於心臟及腦部則無疑。」站椿時，腿部的肌腱似緊非緊，似鬆非鬆，而心則懸在半空中，又要靜心領悟。必致修練到立地生根，才能心領神會。

4、須定出規格站椿，苦練沒有規矩是盲練。每一椿式以四個月為主，依序為渾元椿，護心椿，川字椿，開展椿，宇宙椿，利用一年八個月完成一個循環，去體會每一椿式的內省內壯功夫。然後再從頭來過，第一循環站椿時間可久可暫，再次第加長時間，如此循序漸進。

5、肌筋仍一有機記憶體，它將會將站椿的過程形成記憶，重複持久的修練，才能形成學能。故練習站椿時，不可以今天練習一個椿法，明天又練另一個椿法，此雖然每天都練了，但收效不大。因為無持續固定練習單一椿功，又同時練習多種椿功，無法達到練習的強度。

6、站椿無法持之以恆，時常間斷，一曝十寒，肌筋難以形成深刻的記憶，則難以收到預期效果。故要有吃苦耐勞精神，來渡過初期的痠痛關，不能因站椿時肌筋痠痛而終止，因先師常言：「越痠痛越能長功夫，肌腠的酸痛是一帖補藥。」且痠痛稍息即過，一過痠痛期便覺全身輕鬆舒暢，精神飽滿，勁力充足。初期站椿功，每次椿站的前5～10分鐘最感肌筋痠痛難耐，但忍住數分鐘後，自覺痠痛就過去了，半個月至一個月後，痠痛感可逐漸消失，此時可試著增加站椿時間。故站椿須去無恆之病，若每天抽出三十分鐘做同一件事，都一曝十寒，三天打魚，五天曬網，那來恆心去修練由哲學而科學之太極拳。俗云

「百鍊成鋼」。修練太極拳是從學習→磨練→鍛鍊→粹鍊的過程，是學能加上本能的甦醒。猶如一塊生鐵，必經無數次的粹鍊才能百鍊成鋼，如將一塊生鐵加熱後就擱在一旁，讓他冷卻，永遠成不了鋼。所謂天行健，君子以自強不息也。

7、站樁的目的在貯勁蓄力，增長腿部功力，穩固根基，以利發勁，攻防健身強體，讓間架不散，更可使內勁透出體外而達到聽勁靈敏，舒展筋骨，丹田內氣充盈，骨壯筋柔，身心俱鬆之目的。

8、站樁時要自我檢查姿勢是否正確，膝蓋是否與趾尖對齊且不超過中趾根，重心是否在一隻腳上，肩膀是否有放下。再依次檢查肌筋腱的階段感受是緊張或放鬆，從頭、頸、胸、背、腹、腰、胯、膝、肘、踝、腕、指節、趾節，依次檢查並感受。且再一次矯正，並注意呼吸，感受吸進來的空氣進入鼻腔、胸腔、腹腔、盆腔，然後充滿全身，最重要的是在任何樁式，臀部是下坐而非後坐，此曰坐胯整勁也。

一、渾元樁

渾元樁是太極拳功架的築根基本功，其重點在於內動外不動，意動形不動，故名「意動功」。心法須注意要點為「形體放鬆，神意守遷，內氣安然順暢」。

氣動時，內可疏通經絡，使神經系統得以充分休息，達到改善內臟，養生祛病的目的。外可舒和筋骨，溫養肌

肉,以增強腿肌柔韌之效果,並為推手功架打下良好的根基。所謂「百練不如一站。」又云:「欲求技擊妙用,須以站樁換勁為根始,使弱者轉強,拙者化靈,非此樁不可也。」此樁式更是攝生營衛的最佳功法。

【樁　法】

1、兩腳平行,自然站立,與肩同寬,湧泉貼地,腳跟離虛,兩手自然垂下置於胯前,頂頭懸,額微收,眼向下平視,視線止於身前約三公尺處,收小腹,全身自然放鬆,呼吸均勻。

2、渾元者,意守丹田,意動全身,所謂意守膝胯,兩膝自然微屈外張,臀部有下坐意,腳拇趾不可隨膝外張,兩手微提,指尖相對,手心向上,兩手合抱,肘微曲,不可聳肩,手掌形似蓮葉狀,意留勞宮穴,兩掌背意念向下,意念直入地裡。兩腋似抱卵,十指不張不摒。先師亦常將兩手以扣心齋置於臍下丹田處❻。

3、頭頂懸,意念向上與手背意念呈對拔拉長之勢。所謂豎脊樑也,含胸,但不可弓背,須保持胸肌與背肌平鬆自然,過度含胸成龜背,背肌緊繃,氣無法通順。腹自然裡縮,目的在意守丹田,意似火樹銀花向四肢擴散,久站,兩手指梢發脹發麻。

4、腰須平直,兩胯平摺,尾閭垂向地下,胯根內扣,恥骨裡收。

5、兩胯能平摺,與肩似有一垂直線,相貫並要向內摺疊,上肢始能中正。

6、腳掌平貼地面，意在腳掌外緣，為陽，兩腳掌內緣似懸空，為陰，此為三分實腳。

7、湧泉貼地，腳跟似懸非懸，與大地即若即離。似可容螞蟻從腳跟底爬過。

二、川字椿（半八字椿）

渾元椿站穩，首先重心移右腳，左腳尖向左撇45度，重心移左腳，右腳向前踏出半步，足跟放在原足尖處，足面平鬆貼地，足步呈半八字狀，為左實右虛之勢，此又稱半八字椿。屈右膝，右小腿與地面呈垂直，左腿屈膝坐實，即左腿微曲，左膝有外張意，收尾閭，臀部不可超過左腳跟，並有下坐意。左腳為實腳，湧泉貼地腳跟離虛，右腳留一分意。為虛腳，腳底似含一顆生雞蛋，不可踩破。

支撐體重之基盤橫實與縱深，前後左右四方線均有一定準則，即基盤過小則姿勢不穩，過大滑低則轉動不靈。兩手於胸前，手心斜相對，兩腋下似夾住兩顆蛋，不使滑落不可夾破。

【椿法】

1、兩手向前平伸，兩手肘自然垂下，置於肋旁距離約一拳寬，右手為掤手，又稱長手，勞宮穴與膻中相對，左手為刀手，又稱短手，手心向右，指尖對右手勞宮穴，左右兩手之勞宮穴斜相對，相距約三吋，兩大拇指不可上

翹，肘尖垂地，肘微曲，長手角度小於 180 度，接近 180 度，短手角度大於 90 度，接近 90 度，呈抱球狀，意在夾脊。

2、眼神視手前方長手拇指處，無思無慮，意守腦戶穴（後腦勺），氣一吸貼於脊背，一呼沉於丹田，身體往下坐實，全身重心寄於左腳，屈右腳於左腳前，右小腿垂直於地面，腳掌虛含地面似可含住一顆蛋，不使游走亦不可使破損。

3、上半身肩肘腕與下半身胯膝足均須相合，稱「外三合」。所謂使筋骨肉束裹骨骼，無節不曲，且角度不可有小於九十度之銳角，周身自然輕靈，無半點拙力，曲折玲瓏，渾元一體。

4、意動時，兩膝外張，鬆沉，身體有自然下沉之意，右膝意念向前，膝蓋不超過右腳尖，左膝外張，與左腳尖相對，形成身體下沉，左手指梢往上之意，左手肘有下墜意，然實則為腰帶手動，雙手仍然被動，不用力。此為第二階段練意功法，即須有頂懸之意，湧泉貼地之意，十指與虛腳膝蓋向前之意。脊樑有貼牆之意。

5、第三階段為練氣功法，即重心腳之五趾貼地，湧泉離虛，腳跟離地，虛腳為足跟輕貼地面，腳尖上翹，雙手虎口自然撐圓，有如拿杯子狀，雙腋下似抱卵，腳底鬆沈時，兩腋自然鬆開，似可讓卵自然掉落之感，在左右換腳時氣不可斷，久站感覺脊柱像根熱烙鐵般。

6、第四階段練用功法之手法為身體自然鬆沉時，左右手形成交叉狀，右手向下向內，左手向上向前，然雙手

須高不過肩，低不過臍，左手前伸不過右足尖，右手回撤不許靠腹等要訣。

7、第四階段練用功法之腳法為重心腳膝蓋與摺胯的曲度加大，將全身重心完全放在重心腳，必須穩固站立，不可東倒西歪，前俯後仰。

移動虛腳時，其腳掌須虛貼地面，腳底與地面平行，輕扶地面，徐徐前進至約一腳幅。收回虛腳時，雙腳並齊，再輕扶地面，徐徐向後退約一腳幅，如此反覆至少36次，然後轉身左右換腳操作。

8、第四階段虛腳腳法亦可輕扶地面，由內向外劃圈，再回來與重心腳並攏。如此反覆並左右換腳，或向內劃圈，或向外劃圈。

須特別注意虛腳不管前伸，回收或後著地或劃圓，腳面均須保持輕扶地面，有如在沙灘上移動，能輕觸沙面，但又不讓沙面留有凹痕。

9、此樁功含有前進、後退、左顧、右盼、中定等攻守之勢，有渾元樁與護心樁兩式之功用。遇機施巧，應變無窮，便於實搏，精於打顧，步大不靈，為步法要訣。開步時，前足進，後足隨，兩足最大距一尺，動作周旋，步過七八吋，兩膝向左右微展開。出手時，前伸不過足尖，回撤不許靠腹，如至神話之境，凡空虛斷力有破綻之處，正是神妙不可思議之點。變化使然，規律可活用，不可死守，否則為「站死樁」，習者，慎之。

三、護心樁

護心樁，站姿如渾元樁，站要有坐意，兩手如抱樹，要圓撐，脊樑要挺直，「頸脊不可塌，頭似頂懸定」，難在即要頂懸，又要定住。兩腳平行站立與肩同寬，假想身後有一堵牆，背脊離牆約一尺許與牆成平行。頂頭懸，豎玉枕，舌抵顎，目向下平視，視線止於身前六公尺處，齒輕叩，唇微閉，額微收，腹微縮，兩手掤在胸前，與心窩對齊，兩食指的意念往上提，兩中指的意念往指梢相接，沉肩垂肘，兩肱斜向下，兩尺骨斜向上，兩大拇指放虛，落胯，收尾閭（似下面有張椅子要坐下之意），從頭鬆到腳底湧泉穴。

吸氣時由鼻入丹田，腹部是凸，呼氣時，全身放鬆，意念要從頭頂鬆到腳底，有如一盆溫水往頭上淋下，節節往下放鬆。

護心樁的樁法與渾元樁大致相同，其最大的差異在於兩手上提至胸前狀似抱樹然，手心向內，大拇指放虛，四指梢相對，肘微曲亦有人稱為抱西瓜式。

四、開展樁

開展樁，為太極拳最開展之功架。鄭師爺謂：單鞭即開展樁，單鞭的功架，下盤是弓步，在黑皮書功架篇，攬雀尾左掤，對弓步要領云「左右兩胯須求平正，左前膝蓋

骨不可超過足尖，須與足尖成垂直，右腿膝稍屈，尾閭稍收，方得中正，可使神能貫頂，前腳七分實，如直向地下栽植，後腳三分活力，向前推進。」

對單鞭定式可從單鞭式去理解，當右手為吊手時，曲右腕，與肩平，惟肘稍微曲下垂。左手立掌，肘尖朝地面，手心朝前，指尖高與眼平，背部似貼牆，兩腳左前右後呈弓步，兩膝微曲呈與腳尖相對呈前七後三之勢，前後腳跟離虛，互為爭力似站在滑溜板上，又似站在一塊紙上，且要把此紙撕裂般。此所謂尾閭中正神貫頂，頭容正直，眼神平視，氣沉丹田。

五、宇宙椿

又稱坐身功，是靜椿功中最注重、聚、蓄、合勁的椿法，強調身法與內氣的聚勁，所謂內練一口氣，外練筋骨皮，內外相合者內氣與外形相合也。人的一生與氣脫不了關係。設如開展椿是修練心法開展的功法，則宇宙椿則是修練緊湊的功法，先求開展，後求緊湊。功法修練到極致處，當雙手敷貼在對方身上時，對方將無所覺，然勁出則如錢幣擊鼓。化勁使人如墜萬丈深淵。

記住身法的要點，收小腹，背似靠牆，八虛內含，兩小臂前後擺盪似日本招財貓，功法行至深層，可上下、左右、前後似隨風而動，不主動且能一動全動。

【椿法】

1、兩腳平開步，與肩同寬，膝微屈微張，胯根內收，意在環跳穴。腳跟離虛，湧泉貼地，兩腳足心之意念要入地三分。

2、虛靈頂勁，囟門❼之意向前，舌抵上顎，收下顎，豎玉枕，眼平視前方無限遠。

3、沉肩垂肘，兩大臂置於胸前，肘尖對地面，肘意向前，意守肘尖。兩小臂是平行，立於胸前，腕為美人手，手心向前，氣出指梢。

4、收小腹，背似貼牆，摺胯，豎脊樑。

5、行氣注意內三合，與外三合。

六、秘練五行椿

秘練五行椿，五行椿是先師太極心法及推手的重要功法，為推手的基本間架，所謂「身俱五弓」，係手，尾閭，肩膀，腰胯，腿有如五張弓般圓撐，圓滿，完整。在推手的過程中，動作千變萬化，唯其步伐，架勢要領均以此椿式為宗。

【椿法】

1、兩腳平行站立，與肩同寬，身勢謹守太極十要，重心移左腳，為左實右虛之勢，右腳尖向外張45度角，再內扣15度，呈30度角。

2、重心移右腳，左腳向前踏出，腳跟置於原腳尖

處，並內扣 15 度。

3、身形往下鬆沉之同時，兩膝內扣，兩腳掌著地（似貓爪貼地），兩腿微曲半蹲，是非弓非馬之樁步，襠向前上翻捲（此式係唯一膝內扣的功法）。

4、上體微前傾，全身重心置於兩前腳尖，臀裡收，呈圓臀之勢。

5、兩掌手指自然鬆開，掌指向前掌心斜向前上方，左掌在前，右掌在後，呈提手上式，目視前方，收視返聽，凝心靜氣。

6、初期左右各式以五分鐘為度，可漸加到各十分鐘，至三十分鐘。

7、配合呼吸，呼氣時兩掌輕微前推。吸氣時，兩掌微裡收。一吸一呼時，兩掌前推或裡收，均以意領動。所謂內動外不動，如逆風而立，可仔細體會空氣對於手之阻力。

8、腳跟提起，腳掌內扣，兩膝內扣，其目的在使力向前。

9、樁式要求上半身前傾，弓腰捲胯，收腹斂臀提襠，含胸，背脊上拔，頭頸上領，顎微收，耳注於息，收視返聽，以利儲勁，與發勁攻防。

10、此為練合勁之功法，在緊，整，在壓縮。有如將許多鬆散的麻線，有次序地結成一條堅實的麻繩般，練成此勁能將全身勁集中於一點，發人如彈丸，一觸即發不可收拾。

【註】

❶道德經道生一章，傳統太極拳不主張直接盤架，其訓練方法為：站樁→單式→盤架，樁法分為靜樁、活步椿，行步椿。此由天地萬物之動靜，由單而雙，由雙而複也。

❷力具有運動變換不靈性質，於太極體用中不敷為用，而圓勁則生生不息，如環無端，靈活多變，技擊中可隨心所欲。力與圓勁有質的不同，故須把力換成圓勁，才可為修習太極功夫打好基礎。

❸出自道德經道生篇，修練太極拳由站椿始，繼而練單式椿，三十七式勢勢均可單練，繼而復練而形成功架，太極心法與道同體，凡有形者，皆自無而生有，復從有而歸無，所謂從無為而有為而有所為而有所不為，復歸無為。此太極心法之真諦也。

❹站椿是一種靜止狀態，在靜中求動，雖然肢體不動，但用意念引導，意念假設未達到內動。必須返回以氣輔之。故意與氣相輔相成。

❺行步椿是在活動中來找虛實轉換的感覺與功力，紮實的訓練，可以使站椿的功力有效地發揮出來，因為站椿得到的功力不能夠直接在運動中發揮，行步功便成為連接站椿和盤架的橋樑，從定到行到活到功架的基本功。

❻扣心齋椿功式，左手拇指與食指扣圓，右手大拇指從圓穿入，貼住左手無名指第一根節處，餘四指貼住左手食中無名小指外側，兩手自然下垂置於臍下丹田處，肘窩朝天。

　　本功法由蘇紹卿師叔傳授予我，據蘇師叔描述曰：「鄭師生前善用廢時以練氣，無論坐立不忘扣心齋。」見朱子全集第八十五卷，顏回問孔子心氣齋意義，孔子曰：「一志若，無聽之以耳，而聽之以心，無聽之以心，而聽之以氣，聽止於耳，心止於符，氣也者，虛而待物者也，唯道集虛，虛者心齋也。」

　　譯云：顏回問孔子「心齋」是甚麼意思。孔子說：「你習靜功要使思想歸一，摒除雜念，以聽息法，但不是用耳聽，而是用心聽，甚至更深一層，不僅用心聽，是用氣聽。所謂氣聽，就是聽其自然，達到聽不到任何聲息的境界。所以耳朵停止聽息的作用，此時神和氣合而為一，心也就不起作用，氣乃能虛空容物，功夫必須修練到真道和太虛集在一起，心同太虛，所謂大道以虛靜為本，這就是『心齋』。」

　　❼ 囟門者：指嬰兒前額接近頭頂柔軟跳動的部位，主要的作用在於讓產婦能順利產下嬰兒，一般分為前囟門與後囟門，後囟門大約在出生兩個月後就關閉，而前囟門則在出生後 10～14 個月關閉，囟門關閉後並不代表已不存在。因為意念還是可以抵達。

站樁如果心煩意亂
心外馳何如？

　　站樁之初，無法靜下心來，當以數息輔之，所謂站樁，立禪也。全身筋骨皮膜有如拼圖之小塊，散落滿地。此時勿急於凝神入筍，首先，當收心於息，使心息相依，待萬緒漸靜，再斂氣凝神，收視反聽。全身二百零六根骨骼，猶如拼湊完成之拼圖般，節節貫串，完整一氣，此椿功之效也。

　　靜椿功是內動外不動，是意念內守，守住重要的穴位，讓內體鼓盪，如長蹻對陰蹻，真氣穴對臍元，丹田對命門。就像空氣唧筒在一抽一送中，一抽時底端的活塞打開是進氣。送時，底端的活塞關閉是伏氣，祇留活塞中的一小孔，氣才能集中。如氣球充滿氣之後，一定要把開口閉上，不然會洩氣，要理是一致的。

　　椿功安排妥當，繼之以呼吸吐納，數息輔之。息者，莊子曰：「至人之息以踵。」踵息至深且長，上至泥丸，下至湧泉，緩吸緩呼。吸時，形開氣合，然後讓氣自胸口緩緩下膻中，丹田、兩胯、膝、踝至踵，並由湧泉向腳底四周暈開。全身放鬆，待心緒漸定後，再改以觀息，眼觀鼻，鼻觀心，觀照全身，然後則可捨息入定，以自然為之。

當氣動陽生時，則隨氣觀照，或守丹田、腰胯、湧泉，務使意不散亂，如此才能得到以意導氣，以氣運身之法。站樁時，如果心猿意馬，全身亂鑽，則如無麥空磨磨，白忙一場也。

站樁最注重自然數息，觀息意守，當你意守湧泉時，每一息均以意念將氣導入湧泉，讓腳底平貼地面，越貼越大，越大越深，越深越鬆。如一塊濕肥皂放在玻璃板上般，如磁鐵吸附鐵器般，很難拿的起來。

道家靜坐，強調「不著意」。太極拳靜坐，站樁，則強調「意守」「意導」。強調「內動外不動」、「外動內不動」、「靜中求動」。陰生陽起，入筍整勁，如此才能修練出太極功體。

站樁是最佳的內省，調整筋腱的功夫，也是自我體悟全身肌筋腱骨結構的功夫，把握了上述重點與心法，以正確的心態修練到上半身沒有肌骨，祇有筋。下半身祇有骨，沒有筋腱的感覺時，聽勁，懂勁，發勁等太極內勁自然而然就上身了。

太極拳的高樁修練，必須持之以恒，隨著層次的漸進，站樁的感受也會不同。且樁功時間也須逐次加長。單腳立地之川字樁，可加長至一小時。過程中視各人功境深淺。五至十分鐘後，腿部肌筋腱會開始出現由酸而麻而脹，或交雜酸麻脹，痛苦難耐，此刻更須以無比耐心堅持，則上述症候會漸漸消失，致全身舒暢，且整隻腳似祇剩骨頭而無肌筋腱般，終至連骨頭都感覺不到了。且感受到從腳底湧上一股熱氣，此氣勁源源不斷地上升到丹田，

丹田像有顆氣團在內部滾動地輸出氣流，通過腰上升至兩臂，並發之於兩掌而抵指尖，形成一條條的氣針本能地旋動於指梢有如萬蟻鑽動般。

更如針刺般地游動於指尖末梢神經，由小指依次至拇指。並擴散整個手掌。此氣流發之於全身毛細孔間，有如陣陣漣漪般向四周擴散，全身並有微汗滲出。繼之則麻與脹慢慢消失。片刻之頃，則酸痛消失，此刻會感受到連雙手都沒有的愜意。

單腳立地站樁歷經一小時，要收功時，切勿馬上走動，必須先把站樁意念放下，換腳站立，將站樁腳放虛，此時會有一股瞬間麻脹感回來佈滿全腳，切記讓此腳慢慢舒緩二至三分鐘，感覺麻脹感消失了再走動，不可操之過急。

圓機與圓象

張三丰祖師觀鳥獸鬥而創太極拳圓之運動原理。昔有位太極先賢來到海邊觀浪，看著海浪一浪一浪地拍打著海岸，激出美麗的浪花，突然間，從遠處漂來一根浮木，瞬間被海浪以圓弧形湧上岸，而頓悟出發勁的原理。所謂「後腳接前腳，前腳湧前踪，突然一身動，發勁如浪湧」。陶炳祥師伯佇足在基隆港邊。看著港內的浮木隨著海浪上下左右起伏，而悟出太極鬆沉圓勁。

也有先賢看著大草原上之風吹蘆葦盪，或在河邊觀賞柳枝隨風搖曳，而悟出隨風擺柳的太極化勁。

林清智老師常以楊澄甫祖師銘言「太極拳走化猶如水上踩葫蘆，使人處處不著力，反之吾欲以力制太極拳能手，直如捕風捉影」喻太極拳化勁之應用。

李經梧大師回老家看著牛拉石磨也悟出了太極圓勁。觀乎宇宙行星之運行軌道與行星本身均為圓象，浪花拍岸以弧形讓浮木載浮載沉，或蘆葦迎風飄盪，或柳枝隨風搖擺產生弧線運動，均為圓弧原理。

先師嘗謂：「太極圓勁，由大圈而小圈，圈愈小，勁愈強。」又喻：「圓勁有如時鐘機械原理，鐘擺左右地擺動，即兩腳虛實轉換，而尾閭係兩腳虛實轉換之總樞紐。

由尾閭帶動全身各關節而達指尖。如時鐘之齒輪環環相扣，節節貫串地運動。當鐘擺左右擺動時，設若有一齒輪鬆動或未與其他齒輪緊密結合就形成斷續。時間就會失去準度。」

先師特別強調，太極拳無論拳架或推手講求腰、腳、手配合一致。所謂其根在腳，發於腿，主宰於腰，行於手指，由腳而腿而腰，總須完整一氣。虛實分清，圓轉靈通，上下相隨，內外相合，相連不斷，此圓機之真諦。

圓勁者，如手環串珠以一棉線串住，由於棉線無伸縮性，縱使將兩端拉緊再連結成環，串珠依然無法貫串。然如以鬆緊帶串而繫之，則每顆圓珠緊緊相依，毫無間隙並相互使力，則整條串珠即能形成圓而有勁。故貫者，力透也，串者，複數連結成串也。串珠兩端相連成環以力貫之，則圓而有勁也。

人體從湧泉至頭，含九大關節，上肢為肩、肘、腕，中軀為頸、背、腰，下肢為胯、膝、踝。與無數小關節連結而成。能修練到節節貫串，輕靈。在發勁時，無斷續，無凹凸，無缺陷。化勁時，節節圓活，曲伸裕如。

這猶如全身關節經修練太極功而具整勁，我以兩手如抱大樹然喻之，肩、肘、腕均不得主動，然須輔以兩腳接地之力貫勁，既為圓勁。

圓者，二度空間之圓為環，三度空間之圓為球，太極拳運動，所追求為球體運動，無論內氣與外形均要求球體運動，先求如環無端，再求圓活貫串。

鄭師爺在勁與物理曰：「太極拳氣與勁之運用，在乎

綿綿不斷，週而復始，圓而神通，靡有窮際。宇宙之間，大若行星之運轉，微如雨露之降零，厥形皆圓，此自然之徵象也，引而伸之其體與用，及其內容精蘊，實與吾拳有息息相通者。」論太極拳圓機，師爺之勁與物理篇詳述太極拳球體運動，鉅細靡遺解析，精闢入裡，實為習太極拳者不可不讀之聖典也。

大自然界有很多圓象值得聯想，以增益體悟太極拳藝，所謂圓機藏於內，圓象露於外。憶童年，我家門前有一條小河，平時祇見潺潺流水穿過家門前之水泥涵洞。然當下起滂沱大雨後，雨水溢出涵洞，就會在涵洞前形成漩渦。當此時，總會有三倆童伴不約而同地佇足在涵洞口的橋上，觀賞遠方漂來的落葉，當漂到漩渦處時即被吸入的情景。

如果沒有落葉在水中漂流，童伴們也會拾起身邊落葉枯枝丟入漩渦中，看著它們瞬間沒入漩渦裡。然後急忙地跑到涵洞的另一端，注視著落葉枯枝突然從水裡湧上來，然後緩緩地隨波逐流漂向遠方的感覺。

小橋流水之漩渦能吸入枯葉，而枯葉亦能隨波逐流載浮載沉，毫無著意。長江大海之漩渦更深且大，能吸入輪船。百慕達三角洲造成多少輪船飛機失事，據美國探測家報導，百慕達海底因地形關係，海流到此形成大漩渦，不僅行走到此的輪船被吸入，漩渦更牽引上方氣流，造成飛機失事。以圓之旋轉，帶動氣流不斷吸收外界之空氣，漸漸擴大而形成颱風，此水中漩渦與海上熱帶氣旋亦為圓象。由此可見，圓的運動威力，與牽引力之強大，甚至宇

宙也有黑洞理論能吸入任何星球。

而圓軸不動，圓之環快速轉動，能產生向內之聚力與向外之牽引力，地球的地心引力與潮汐運動即由此而產生，我們可從漩渦理論得知，漩渦內部能吸入任何進入的東西，而漩渦外圓則形成向外張力，圓周最外緣則形成橫切力，時常發生在美國平原的龍捲風，所經之處牛畜房屋都會被吸入，然後再甩出。

太極八法運動即以圓轉之理論基礎，腰胯之圓轉，帶動肩肘腕旋轉成圓，圓就是發，也是化走的功夫。當身體與內氣由圓而形成鼓盪，動盪時，圓則形成三度空間球體的轉動，球體不僅能化能走又能發且似能將對方吸入與發出。所謂引進落空是化，合即出是發，形成半圈化，半圈發之球體運動。故所謂直力有窮盡，而圓勁則無絕期。

圓之半圈為弧，海浪之來回運動，所產生之餘力曰盪，太極八法五步之運動，因弧形來回運動而生動盪，盪者，動之餘力也。動之餘力，因鬆柔而無滯，因無滯而勁整。人類首先發明直鋸，必須在一來一往中發揮作用，然中間有頓挫較費力。後人發明了圓鋸，圓的旋轉順勢不斷轉動，就省力多了。

這就是太極圓機對體用的最佳詮釋。由圓轉運動，產生動盪，鼓盪於外，即所謂運而後動，動而後盪也。

林清智老師云：「太極動盪勁猶如橫放著的汽油桶，裡面裝了半桶水，當順著汽油桶的圓弧推動汽油桶時，內部會漸漸地產生弧形動盪，而此動盪之餘勁就能將接近的東西拋開。」

　　故無論是行拳或推手，由前弓步轉換為後腳下坐步時，後腳往下坐，往下鬆沉，胯根成圓之軸，讓上肢自然產生弧形動盪之勁，此即是圓勁也。

　　鄭師爺曰：「太極拳即本此原理，所謂腰轉則手亦隨腰轉動，腰定則手動亦定，然動之餘力未定曰盪，盪未定而又與動相連接此為太極拳之關鍵。正在動而至於盪，盪又接上動，動盪，盪動，兩者之間，決不可間斷耳。如稍有間斷，即為之斷。」信哉，如環無端，圈圈不斷，下動上隨，步隨身換，滔滔不絕，一氣呵成。

　　拳論云：「如長江大海，滔滔不絕也。」體用如何能如斯乎？關鍵在腰，以腰為軸，鬆腰落胯，立如平準，活似車輪。如轉搖鼓，如運車輪，如輾磨盤，似盪鞦韆。鄭師爺在自修新法功架篇，貫串全篇之精華在「隨腰，隨腰胯」。舉其二例曰：「右足尖翹起，亦即隨腰向右分開。」又曰：「凡有手足之動作，皆須隨腰胯轉動，不可自由擺動，切記，切記。」祇有隨腰胯，手足不主動，才能隨腰而動盪，此圓機之秘也。先師亦常言「鬆要有動勁，柔要有盪勁」。

　　傳鍾文先賢將此「動盪勁喻為渾勁」。如秋天蘆葦在湖中被大風吹得俯而後仰，堅韌不折，柔而富彈性。陶師伯將此動盪勁喻為海水中之浮木，受海浪沖激一浮一沉而動盪不已。此牽引力者，為圓之離心力與向心力之互相關係也。

　　軸固一端為支點，其動能向外擴散曰離心力，另有一力點向中心牽引曰向心力。兩力一陰一陽，互為牽引。

「一陰一陽之謂道也。易經謂天下事物皆相反而相濟，相反相濟之謂和，和則一，和之一非執一偏至也，係執一允中，以是推言力之用，力均則平，平則相反而相濟。平者，似兩力若不存是以相濟成和。」此徐震先賢太極之格言。

天平兩端若放著等重之籌碼則平。昔時之秤桿支點兩端之重點與力點也要取得平衡才有作用，然秤桿支點之兩端距離隨重點之輕重而產生不相同之距離，亦是取其平也。此亦為重點與力點之牽引均衡關係。

渾沌宇宙，地球浮懸於蒼穹中，以其自轉，循環而動。月球繞著地球做圓形之自體旋轉與公轉，而牽引著地球上之海水形成漲潮與退潮，均為圓的牽引力現象。就如浮力陀螺般，係陰陽之兩極互相牽引平衡所致。

迴力棒在空中拋擲迴旋復歸原點，即空氣浮力與迴力棒之動能，兩力牽引相和產生平衡與循環所致，逆風極速行車，車體有飄浮感，飛機空中飛行，均為兩力牽引之物理現象。太極動盪之象即本此循環、平衡、對稱的圓機之理也。

了解大自然圓機與圓象，由圓出發探討太極拳之奧秘。太極陰陽互抱互含，為球體立圓，含上下，左右，前後，各個方位。圓周各點與圓心等距，太極拳即本此方位而衍生。

清康熙吳殳之手臂錄：「收發、進退、左右、上下互為伏機，而一圓兼而有之。」

「手法，身法，其變何窮，彼此相制，實無終極，但

以熟制生，以正別邪，……而必皆以「圓機」為之本。「機」者，駕機也，惟槍亦然。伏而待用者也。收者發之伏機也，發者收之伏機也，進者退之伏機也，退者進之伏機也，左者右之伏機也。右者左之伏機也，上者下之伏機也，下者上之伏機也，而有元妙靈變隱微難見以神其用者，乃在於圓，圓則上下左右無不防護，身前三尺，如有團牌又何應，人之傷我哉，不惟是也，出而能圓，兩來槍之所以勝也，收而能圓，敗槍之所以救也，大封大劈，木無伏機，諸用俱失，禪門所謂死句不能活者也。」由此可見圓機兩字仍一切拳法之概括。

　　太極拳之推手與拳路行進時，以前進、後退、左顧、右盼與中定循環不息，如環無端。以平圓八方位掤、将、擠、按、採、挒、肘、靠等八法之演釋，統稱十三式。基此理念，使太極拳與陰陽開合構成完備規範與體用。

　　故太極拳即是以球體的自轉運動，環形的公轉運動在進行著。如何體現此運動規律的精髓，拳論云「以腰為軸」，「一動無有不動，一靜無有不靜」。譬如把一顆球體放在地上，用一根手指按球體上方一點，當手指移動球體時，球體自身也同時進行自轉，並隨手指方向公轉。這就是內外相合，上下相隨，一動全動之體現。祇要手指靜止不動，球體亦全然不動。

　　太極八法為球體自轉的運動。五步是球體公轉運動。身軀如球，手隨腰動，手隨腰轉，自轉也。步隨身換，公轉也。腰、腳、手，配合一致。腰為中心，一圈一圈向外擴散，一環一環同步轉動。手絕對不可自動，必須百分之

百隨腰而動。

故師爺云：「然則皮球之圓，圓也，鐵球之圓，亦圓也，無論輕重不同，然以力觸其一面，可知其面面皆同，面面皆動也。觸其一點，則萬點皆同，萬點皆應也。此即太極拳之所不容摸著與觸到者，以其體圓，乃不知得力之所在也。」

上善若水

老子道德經云：「上善若水，水善利而不爭，處眾人之所惡，故幾於道矣，居善地，心善淵，與善仁，言善信，政善治，事善能，動善時，夫惟不爭，故無尤矣。」意曰世間萬物，以水最善，以其能處於眾人之所惡，不卑不亢。且甘於卑下，不爭強好勝，故近乎道也。

此云，凡事要看得開，不爭強，待人處事，心平氣和，一切隨緣，則神舒體健矣。諺云：「忍一時風平浪靜，退一步海闊天空。」凡事能忍，故不爭也，唯其不爭，故而能讓，老子以水寓上善，太極拳之精髓也。

某一年，在長江三峽大壩未完工前，我偕妻遊長江三峽，地陪介紹兩岸風光，山巒重疊，岩石峭壁，筆直聳立，如刀削鋸解，此乃經過千萬年之流水沖蝕。幾千萬年前，長江也許僅是一條小河，經年累月受流水沖刷始成就滔滔長流，造就兩岸峋嶙萬丈高崖。老子所謂：「天下之至柔，騁馳天下之至堅」，「天下柔弱莫過於水，而攻堅者莫之能勝。」涓涓細流匯為洪流，遇阻則讓，侵蝕以浸，終成就滾滾長江之兩岸峭壁，大自然柔與剛之強烈對比，鬼斧神工，令人嘆服。

滾滾洪流造就長江「兩岸猿聲啼不盡，輕舟已過萬重

山」的三峽雄偉風光，此乃水流先讓後蝕之結果，所謂滴水穿石，非堅剛能抵禦也。師爺於釋名義喻云：「譬如齒固剛而舌柔，齒與舌或有時而齟齬，則舌固吃其虧於一時，然齒均以剛摧，而舌終以柔存，可以見矣。」太極拳如湖水表面看似平靜無波，輕風徐來，波光粼粼，而裡面卻是暗潮洶湧，此外柔內剛也。

師爺以舌柔齒剛，舌能讓而不磨損，喻太極拳之柔。譬如吾人站在高樓，往下擲鐵球，如下面是一潭池水，則鐵球將因重於水而沒入水中，水似能容鐵球而不受損傷。如下面是一塊泥地，則經鐵球重力撞擊，必出現凹陷。但如果下面是一塊堅剛之水泥地，必致因重力之撞擊而破碎。此項舉例，明白告訴我們，兩力相擊，如抗之以剛，必至兩敗俱傷，如能以柔化剛，必至剛摧柔存，能如水讓鐵球容入，則自己不僅不會受傷反得引而化之。故太極拳如水能容他之胸懷而為善也。

拳論即云：「若將物掀起而加以挫之之力，斯其根自斷，乃攘之速而無疑。」攘者，讓也，捨己也，唯能捨己，而不用力矣。伸言之，即師爺曰「是任人用力襲擊，而不以絲毫氣力抵禦，反引而去之，使其力落空，而攻擊之效能全失，則我稍一撒手，彼未有不跌出尋丈之外者」。此乃不用力之自然現象。

將對方力勁直接在手上反應到腳底，再瞬間返回到手上，有如按下電燈開關，電燈馬上就亮了。故推手時，如能捨掉面子，不要有頂丟偏抗的念頭。遇到任何阻力，何妨如水遇到岩石般，轉個彎，讓一讓，對方就落空了。套

句太極拳的術語,在接勁時,先掤接再捋送。或接勁後鬆腰落胯沉實腳再按或擠,對方莫不跌出。

師爺陸地游泳篇云:「水,載體也,以空氣喻水,大矣哉;空氣也,無所不容,無所不包,至矣哉,空氣之作用也,無所不載,無所不育,再者,以空氣喻水,積氣如積水然,學太極拳之運動,其積氣之法,運氣之方如游泳耳。其能用力一分,則見一分之力。用功一刻,則見一刻之功。其進也日新月異,正未可量。我是以取喻於太極拳,欲學者可以方物,易於領悟。空氣非空,正猶水然。」

師爺又曰:「我游乎陸地之上,作游泳觀,在使行拳走架,知曉空氣之特長如水也,一在乎能久泅,是為體,一在乎有長力,是為用。」「善泅及有長力者,皆為氣之作用所致,善泅者,必能宿氣,宿氣愈久則泅之能力愈增,有長力亦即宿氣所致,宿氣愈久,則呼吸之量亦隨之增強。」「人其善行者也,生乎空氣,長乎空氣,應如魚其善游者也,生乎水而長乎水。」「能知水與空氣之作用,善其體用,以致專氣致柔之境也。」

「初學推手,可隨時迎風翻掌,拂臂舒拳,可以知風與空氣有若水者,極其至也,則知空氣重於水,且重於鐵也。」故曰:「每一運動,即覺氣之鼓盪如游泳,吞吐浮沉,以及乎進退如游泳,苟能逮乎此境,則已非常人所能到也。」以上乃節錄師爺陸地游泳篇之精華,以申演釋太極拳行拳之重量感與流動感,且人之於空氣猶魚之於水矣。鄭師爺秉老子專氣致柔,喻太極拳為陸地游泳。

先師常以此為論，要我們常思體悟。初習不解其義，經先師諄諄解說，豁然通明。復讀師爺自修新法之自修要略：「即以空氣比水而已，漸漸覺往來迴旋，卻有壓力，久之愈覺壓力甚大，此即虛則實之。然若與有大力之人較手，則反視若與空氣相搏，此所謂實則虛之。能是，可得妙用無窮矣。」師爺將空氣比喻為水，盤拳猶如陸地游泳，須與空氣相搏。

　　初習時，不覺空氣有壓力，漸習漸覺壓力漸重，久之愈覺壓力甚大。猶如颱風過境，吾人佇立曠野，迎風翻掌。如能體此，則無惑矣。以盤拳猶如陸地游泳，魚以水為載體，我以空氣喻水為載體，身軀在空氣中因浮力與阻力，使行拳如行雲流水，此師爺於十三篇卷上陸地游泳之精論，給習練太極拳精闢之啟發。

　　善者，柔也，以水寓善如柔，然安知其惡乎？惡者，剛也。日本 311 大海嘯，沖毀整個福島之建設，水之惡也。高山流水，水由高就下，洶湧澎湃，狂流奔騰，傾盆而下如瀑布，如急流，此水之剛也。人類利用其柔中帶剛的特性，築壩成水庫，積水發電灌溉，當水庫洩洪時，千軍萬馬，則為水之惡，水之剛，其勢能摧枯拉朽，即柔中剛也。太極拳之體，柔也，其用，柔中剛也。水有善柔，有惡剛，能以其惡剛而柔用之，故太極拳剛柔、開合、陰陽之體也，水亦剛柔、開合、陰陽之體也。

　　孫子兵法云：「夫兵形象水，水之形避高而趨下，兵之形避實而擊虛，水因地而制流，兵因敵而制勝。」修練太極拳必鬆柔以健身，柔中剛以技擊，本陰陽之體。以善

為體，以惡為用，避實而擊虛。雙方推手，如果對方剛硬使力，不必在意，正可利用其剛，以增進我之柔勁，亦可以如水之柔勁使其落空。水流經高山流到平地，潺潺流水，為古今中外詩人，創造多少詩情畫意，留下多少賞心悅目的篇章，為音樂家譜出多少動聽悅耳的樂章。而當其洶湧澎湃時，則如錢塘湧潮，水庫洩洪，其勢莫之能禦。然水之惡能善用之，使其不致氾濫成災，都江堰的水利工程，將水導而疏之，為人類所用。

太極拳亦然，利用對方之剛，我以柔化之，以順隨之，以捨己從人之心性，磨練自己，不予抵抗，則我以水之柔為體，與柔中剛為用，裨益大哉。常存謙卑心，遇事心平氣和，神舒體靜，常存包容心。海納百川始成其大，太極拳捨己之觀念，就在於能捨棄自己，而作客觀判斷，捨掉自己身體的抗力，從心開始，如水能柔、能讓、能容、能隨，更如水之能湧、能滲、能載，成就太極拳功。

一塊海綿，初則浮於水面，然經水滲入其內部，半浮半沉，當其完全滲水，則沒入水底，此滲之原理，太極內透勁能滲入對方體內，讓對方不知所以猶如是。

船何能浮於水面者，於水表面張力與船之底面積，形成載，設船之質量大於水之浮力，則即沉沒。如一根針，一塊鐵沒入水中，為水容他原理。另如船浮於水面，靜而不動，我欲撐竿而行。初始，我以十倍之力，撐竿欲駛而不可得。然當船體微動之後，我順其勢，撐竿而起，以四兩之力，即能牽動千斤之船於頃刻間，此因水之浮力而能牽動船體之原理。又譬如順水行舟，水以順勢載舟而行，

此順隨之原理也。如逆水行舟，必費數倍之力而不可得，此勢背也。故聽知對方前勢已盡，後勁未起之頃，順其勢而發之，根本不用力，太極拳推手，以吾之體喻水，能載舟、亦能覆舟。載舟、覆舟，祇在轉換之間，極其至更如錢塘湧潮，一浪接一浪，滔滔不絕。

此乃先師之柔以接勁，剛以餵勁之體用。故太極拳之化勁與發勁，亦祇在轉換之間矣。

孫子兵法亦云：「故兵無常勢，水無常形，能因勢變化而取勝者，謂之神。」文以載道，武以演道，水無形，隨物賦形，太極拳正是以武術演天道，融陰陽變化與剛柔相剋之自然原理，以掤、挒、擠、按等十三勢賦予太極拳之形，全性命之瑰寶也。

道家之修道，以水火即濟喻人體陰陽之道。水與火相生相剋，太極陰陽顛倒解云：「盡性立命者，如火炎上，水潤下者，水能使火在下而用水在上，則為顛倒也，然非有法治之則不可得也。譬如水入鼎中而置火之上，鼎中之水得火以燃之，非但水不能下潤，供火氣，水必有濕時，火雖炎上，得鼎以隔之，是為有極之地，不使炎上，炎上無止息，亦不使潤下之水滲漏，此謂水火即濟之理也。顛倒之理也。若使任其火炎上，來水潤下，必至水火分為二，則水火未濟也。」故此水火即濟而產生內氣，當內氣旺盛充盈，氣行血脈，可以健身，增強太極技擊效果。故人體內的火是往上走的，水是往下走的，今不讓火往上走，不讓水往下走，就得通過中間之鼎（橫膈膜）隔住，以火燃上，水在鼎中遇熱而氣化，即實現內氣生，水火即

濟也。

師爺於專氣致柔篇曰:「丹田者,丹竃也,心在竃中,水在上是以火溫水,不致就下為患,反得化氣之妙用。」故太極拳不在於身體運動之形成,而在於內氣元真之發揮。所謂綿綿不斷者,非指拳架之形勢,實為元形之真氣,練拳功夫有所成,則真氣穴內之元氣生生不息,綿綿不斷。譬如蒸氣火車即為火在下,水在上,隔鼎以火炎上使水氣化,當蒸氣充滿,帶動火車前行,即內氣運而動於外,此乃太極拳心腎相交,水火既濟,煉精化氣之原理。為太極拳內氣的修練,即在於氣遍全身不稍滯,牽動往來氣貼背也。

太極拳以其拳拳服膺也,我寧以道稱之,因其乃中華文化之特有精華,以捨己從人,學吃虧而異於他拳。所謂「人法地,地法天,天法道,道法自然」者也,岐伯曰:「夫道者,卻老而全形,精神內守,病安從來。極其至,則曰筋脉和同,骨髓堅固,氣血皆從。外修武事,內以攝生。」呂氏春秋云:「流水不腐,戶樞不蠹,動也。形氣亦然,形不動則精不流,精不流則氣鬱。」養生常欲小勞,俗云:「活動,活動,要活就要動。」不僅軀體要動,內氣也要動。張祖師贈於炎黃衣胄最佳的禮物,以拳稱之,實難窺其大,應以道尊之。張祖師云:「欲天下豪傑延年益壽,不徒做技藝之末也。」

力與掤勁

　　要了解掤勁，須先了解勁與力之區別。陳炎林先賢在太極拳刀劍桿合編中，對於力與勁之區別有極詳細的解析。其謂「勁與力，在未學拳擊之時，固無從分別，但已學拳擊，不可不分析了然。嘗見學習武藝數年之久者，仍莫明所以，殊屬憾事。須知力，由於骨，陷於肩背而不能發。勁由於筋能發，且可達於四肢，力為有形，勁則無形，力方而勁圓，力澀而勁暢，力遲而勁速，力散而勁聚，力浮而勁沉，力鈍而勁銳，此力與勁不同也。」勁與力，先賢已然做了最詳細的解析，教拳者應有能力分辨，而加以傳習。

　　鄭師爺在其十三篇亦提醒云：「勁與力大異，秘傳謂勁由於筋，力由於骨。」「勁之為勁，氣由於筋致柔，有彈力已耳。」又云：「故柔的活的有彈性的是勁，剛的死的無彈性的便是力」，「是以專氣沉於丹田，尤須與心相守，方可致柔矣。」由此可見修練太極拳欲求長勁，必先修練氣沉丹田，以意行氣，以氣運身，使筋與腱致柔，方克致之。

　　如何懂勁，先師嘗謂：「勁乃根於腱之力，藏於內，故不露於形。力則根於骨節之力，露於外，形見拙而不

靈。」拳經曰：「由著熟而漸悟懂勁，由懂勁而階及神明，然非功力之久，不能豁然貫通焉。」先師常告誡我們，不祇要常練，要有恆心、耐心的練，更要練得正確，才能在默識揣摩中，漸悟懂勁，信哉斯言。屢見練太極拳者，把力當勁練，也把力當勁傳習，而自誤誤人，殊堪可惜。要懂勁，必須有正確的心法，在良師益友互動中，默識揣摩，以下數點可供修練者參考。

一、去除本力、拙力。練拳者不去除本力、拙力，即不知勁為何物。初具太極拳功者，周身肢體內外本力尚未退去，當對方的手觸及自身肢體，或自己的手觸及到對方的肢體的某部位時，第一感覺是遇到對方的強力反抗，這就是所謂硬點，力點，掤勁必須完全退去本力，拙力，才能「捨己從人」。

二、掤勁不能有力點。所謂力點，是雙方接觸的部位，俗稱接觸點，太極語稱為著點，在雙方接觸的剎那，感覺到對方有力，就是有力點。對方使力按來，我不准抵抗對方的進攻。用意不用力，接手不努氣，才不會有力點，此所謂「從人不從己，由己仍是從人，由己則滯，從人則活，能從人，手上便有分寸」。

三、上半身不主動、不妄動。對方來勁，以鬆沉接之，不去抵抗，自肩以下，胯以上的上身不能動，立身中正，千萬不可主動妄動，一動便破壞了自身的平衡。以心

與氣相守於丹田，做到磨轉心不轉，才是真太極掤勁。

四、掤勁仍八法之源，八法之本，掤勁有向上向外之意，是防禦。掤在手臂，使對方之力達不到我胸部。如對方擊來，我以掤勁禦之，接之，手臂是著點。勁不露於形，鬆胯圓襠，以湧泉平鬆接勁。

陳炎林論掤勁云：「掤敵非用手臂，須用腰腿加以意氣，使敵不易攻入，此為防守之法。若欲發勁，則未掤之先，應往後向下，用引勁誘之，使其勁出而顯有焦點，復藉其勁，而掤之，無不獲勝。」

五、八法秘訣，對於掤勁有很貼切的描述，茲摘錄於下，以供學習掤勁時參悟：「掤勁義何解，如水浮舟行，先實丹田氣，次要頂頭懸，全身彈簧力，開合一定間，任有千斤重，漂浮亦不難。」

六、鄭子太極拳十三篇，述口訣第十一項：「曰須認真，打手歌曰，掤捋擠按須認真，若認不真，便都成了假的。」掤為八法之本，更須認其「真」，求其「真」，悟其「真」。所謂掤不要掤到人家身上去，捋不要捋到自己身上來，既是時時中定，開合一定間，不可失之中定。猶如杵在地上的彈簧❶，四面八方，能受外力而不失中定。更須如不倒翁，重心百分之百沉於一隻足心，其餘全身皆鬆淨。能掤則能發，對方來勁，先鬆沉到後腳，然後勁由後腳轉到前腳，直接入地，前膝彎曲，不可超過趾尖。接

勁，重心沉於後腳，發勁重心轉換到前腳，且雙手須保持沾黏貼隨此乃掤勁發人的基本原則。切記。手意太重，攻擊意念太強，永遠進不了太極拳之門檻。

七、綜上可知，掤勁，須以全身接勁，以意接，氣有開合，不露形，不主動，不妄動，以鬆沉勁接之，歛氣凝神，以反彈勁發之，把握掤勁的特性按規矩操作，久之定可成功矣。

【註】

❶現在公園，普遍設有以家禽、鳥獸為主題的彈簧木馬供兒童玩樂，由於底部固定牢靠，兒童騎在上面，雖大力前後左右搖擺，亦不會傾倒，當兒童停止玩樂，又復歸原位。太極推手有不能搖動其根的說法，亦當如是，任人搖動，乃不能拔其根，謂之中定。

談拳論鬆

一、鬆之緣起

　　太極拳談鬆，得從鄭子太極拳自修心法緒論篇談起，鄭師爺在自修新法之緒論曰：「楊澄師每日囑余曰、要鬆、要鬆，有時又曰，不鬆，不鬆，時或戒之曰，不鬆，便是挨打的架子，極其至，則曰，要鬆淨，相繼何止複數千篇。」在緒論，師爺前半段以鬆為主論，後半段以氣為主論，可見鬆對太極拳之重要。

　　論鬆，鄭師爺得楊祖師諄諄教誨，從體悟鬆之要領至惡得知其鬆，至悟得鬆之真境與妙用。從「始知己鬆」到將鬆之體悟與妙用分享給習練者，做了非常詳盡之論述。更嘆今習拳者，真知鬆者有幾人。對師爺感嘆「得之者，至今猶屬寥寥」。由前述可知，體悟鬆境之難也。

　　在述口訣曰：「按鬆之一字，最為難能，真能鬆淨，餘皆末事耳。」太極拳以練鬆為目標，初習者如一張白紙對太極拳之陰與陽，動與靜，虛與實，開與合，鬆與柔，毫無概念，乃一平凡之體。欲練鬆，師爺以三階九級，勉學者能拾階而上。在別程序篇云：「太極拳運動之大綱，

127

有三，分天地人為三階。人階為舒筋活血之運動，地階為
開關達節之運動，天階為知覺作用之運動，知覺作用即鬆
之運使也」。

　　國學大師徐震先賢在《太極拳發微》境詣曰：「始學
之時，骨節不舒，腱不柔韌，肌不調諧，膚不寬敏，步無
虛實，則置身不能穩，舉措不能當，是以作止遲，而使力
拙，及至骨節已舒，腱已柔韌，肌已調諧，膚已寬敏，步
諳虛實，則置身自穩，舉措自當，作止輕利，使力剛捷，
此雖合度哉，猶為外型之和順，而未及乎內也。外家拳
之精者，亦能之，太極之功已造此境，又將自見其粗而不
細，疏而不密，生而未純也。始知進而練其內，練其內，
則必程功于伏氣，使呼吸與開合相應，其呼吸之出入也，
不散不促，安勻流利，浸習以洽，則內肌與外肌之弛張相
得也。」

　　鄭師爺與先賢徐震乃太極名家，均強調太極拳練鬆，
須由外達乎內，先練百骸之舒筋活血，再練之開關達節，
而達精神之知覺運動。從作止遲，而合度，再由外及乎
內，則內肌與外肌之弛張相得也。所謂柔腰百折若無骨為
外，專氣致柔能嬰兒乎為內。全身筋腱骨能如嬰兒骨實筋
柔，道家丹道所謂後天返先天，當然己臻鬆境也。

二、由緊而鬆是體

　　修練太極拳，鬆是目的，緊則是過程，是求鬆的手
段，不知緊那知鬆。鐵之能百鍊成鋼，在於改變其分子結

構，在顯微鏡下鐵的碳原子結構是鬆散的，經一再粹煉讓炭原子結構緊實，再經百鍊，使其具有鋼柔之性。人體不經過緊實的過程，難以達到鬆的境界。靜磨庵先賢在武魂云「內家拳技擊之所以失傳，就是因為緊的失傳」，「一味鬆的養生訓練，使內家拳遭到滅頂之災」，對於修練太極拳功者來說，不免有武斷之處。但有些內家拳者在修練的過程中，一昧強調鬆。但卻不知鬆之個中三昧，則為事實。靜磨庵先賢之論述也提供給愛好太極拳者一個反思的空間。

人體由骨筋腱肌皮構成，初生之嬰兒，皮嫩筋柔骨實，活動起來，看似顛簸，實則虛實分明，步伐靈活，完全不使力，至柔也。及至年歲漸長，筋膜反應得越緊實，活動卻漸趨僵化。師爺三階九級之修練，達骨正筋柔，保持骨關節的正常位置，骨關節四周之筋腱伸展到最大值。利用筋腱的屈伸與骨關節開展的活動，感受從緊到鬆，從鬆到緊的變化，才能利用鬆勁。

林木火老師常說：「修練太極拳功，如米袋裝米。」早期的農村，在收割稻穀時，以麻布袋裝運稻穀，一個從未裝過稻穀的新麻袋，纖維緊實，沒有伸縮力，設祇能裝填八十公斤的稻穀，經重複使用後的麻布袋，在裝稻穀時，就能裝下一百公斤以上的稻穀。但在裝稻穀時，也要拉著袋口，把稻穀不斷的往地上夯實，慢慢撐開麻布袋，便能增加約兩成的容量。麻袋寬鬆了，稻穀緊實了，這有如太極體之骨實筋柔。麻袋是由緊到鬆，再由鬆到緊，這就是以鬆裹緊的道理。林老師說：「練太極拳鬆功亦如銀

行存錢，存的越多就不虞提用。」

三、由鬆而緊是用

拳論云：「先求開展，後求緊湊。」緊者，緊實也，此乃肌筋之運使，心緒之起伏，非關心情之緊張❶。在拳學運力中，由外而內，再由內達乎外，處處灌注著一種運使力。一潭止水，平靜無波，為無運使力。然長江大海，或從高而低，水往低處流，或因月亮之引力牽引，潮起潮落，此乃力之運使也。故人體肌腱之運使亦如長江之水，大海潮汐，來回往復。蓄勁如張弓，發勁如放箭。

太極拳在一張一弛❷中產生運使力。若運動功夫精到能應乎自然，則此運使之力真有不知不覺之妙。故靜磨庵先賢所謂的緊應釋為「百鍊鋼」的緊，為柔中剛之緊，非體僵神緊，是徐震先賢「使力剛捷」之緊，力勁產生是鬆與緊的關係。開展為體，緊湊為用，開展者，筋之伸也，緊湊者，筋之縮也。唯有使筋腱能拉伸開展，心運而後體動，才能產生勁力。

孩童時，常與玩伴玩橡皮筋遊戲，先將橡皮筋套在兩手的拇指上對拉，將橡皮筋拉緊，然後放掉後拇指，使橡皮筋使力往前。以距離遠者為勝。七十年代風行一時的十字弓遊戲即為此原理。均是在一鬆一緊中，讓物質產生力向。設如將十字弓的拉線改以無伸縮性的繩子，還能產生力乎。

太極拳練鬆，由極鬆到極緊的力量，目的在使筋腱的

鬆極大化，就能在應用時使筋的緊產生最大值，形成勁力。此瞬間的緊與鬆之轉換而成之鬆柔整勁，莫之能禦。

黃性賢師伯曾說：「練太極拳是由外練到內，再由內練到外，如果空有手法遇到有內練心法的對手，手法就毫無用處。沒有內練就等於空有電池的外表而內裡沒有電，沒電當然也點不亮燈泡，也發揮不出電池應有的功能。在太極拳來講，如祇練有外，沒有內的空架子，又如何能做到體內鬆透，不受力，而又能順應自然，化發同時呢？」

四、鬆與柔

十三勢行功心解有「極柔軟，然後極堅剛」，「運勁如百鍊剛」，可見太極拳之鬆，絕非一個鬆字可解，個中含有多少剛之意義，是值得吾輩深究的。常言：「柔中有鋼，百鍊鋼」❸，這是修練太極拳的目的。「求柔中鋼，鬆中柔」，在雙方推手的對峙中，要給對手一種「神在手前意適敵背，如網天羅，無物能逃的壓迫感」。

所謂點緊體鬆，說明自身與對方接觸之著點須意緊體鬆，才能控制對方使對方難以逃脫。同時能體察對方力量之大小及方向之變化，而體鬆係指身體放鬆，使力量含蓄，順暢地發勁，此即一貫之勁。

唯有沾黏整勁，才能更好地聽勁，變化輕靈，使力量有變化，步法易於調整，並使對方難以測知我力之輕重和方向之變化。陷敵於被動，形成「人不知我，我獨知人」的有利局面。

　　十三勢行功心解亦云「勁似鬆非鬆，將展未展」，似乎簡明。但如不到一定境界，是很難心領神會，如何告訴初習者，何謂鬆，如何鬆，何謂展，如何展，是語言道斷的問題❹。如無明師耳提面授，自己默識揣摩，用說的怎麼都說不清，講不明。所謂「面聞不如一識」，祇要親身接觸過真鬆的明師，要體悟就不難了。也許你練了十年八年，不知鬆是何物，但在明師的身上體悟後，忽然有一天，一個動作，讓你全身通暢，終悟得鬆境。此所謂「眾裡尋他千百度，再回頭，伊人已在燈火闌珊處」❺。

　　然能體會此境界的必竟是少數，用簡單的語言說明深奧的鬆意，領悟更是難上加難。人體之筋骨關係猶如將橡皮筋包覆在堅實健身器表面，經不斷反覆彎曲拉伸，而使橡皮筋膜鬆弛。如果橡皮筋膜在正常狀態下是十公分之長度是鬆，將其運使能伸長到十一公分，而還有筋性是鬆柔，將它時時攤在九公分就是軟，是懈。這是筋柔的初體驗。所謂肌腱已鬆，氣旺血足則筋柔。

　　能體悟此筋柔的初體認，則入門有階，再進一步體悟含胸拔背也是相對的鬆就不難了。因胸含太過，則背就無法鬆，形成駝背。如何讓胸即要有含意，又不讓背緊繃，前後適中，陰陽相濟，即是鬆。操作的方法是要頂頭懸、豎玉枕、沉肩、鎖骨內含。把兩肩輕輕地放下，下顎一收，眼神平視，就成了。

　　有些習拳者常將鬆誤解，將練鬆練成軟弱無力，自以為己鬆，以為全身癱軟無力，行拳毫無精神即是鬆❻。甚至以此觀念來教拳，自誤誤人而不自知。癱軟鬆懈是假

鬆，如何能教出懂鬆的學生。學拳存乎自然，觀念正確，找對了明師，用正確的方法練正確的基本功，拳架，則鬆功自然來。先師常曰：「鬆非全然無力，而在整勁之運使。」且常在指導單推，雙推，四正推時云：「你的腕用力了，肘頂住了，放下，把心也放下，慢慢來，一通百通。」等勉語。有時也會讓我們摸摸他身體，或用手壓我們的胯要我們知道何謂胯鬆。例如金雞獨立時，虛腳小腿肌是鬆軟的。後坐時，實腳的屁股是鬆柔的。胯根內扣時，環跳穴也是鬆柔的❼。

五、鬆柔與鬆透

先師曰：「鬆透不但氣可通八脈，入無間，有不可思議之神妙。太極拳要練好或想打通氣脈，非在鬆字究根到底不為功。先須學吃虧始❽放鬆心神，絲毫不可有抗頂之意，全身似沒有骨頭一樣，祇有筋鬆。要如水銀瀉地，如水入流，而形如沒有兩手臂僅有一個體耳。」❾先師曾云：「太極拳講究鬆柔，並非一味地鬆軟。所謂棉裏鐵，棉裡針，其鬆柔是內勁支撐的鬆柔，能做到由內勁支撐鬆柔，發勁才能如放箭即輕且脆。」

在練精簡五禽戲時亦曰：「鬆柔即以心行氣，乃太極拳最高要求，故行架時，除鬆透，沉著連綿外，而要加注意氣，形成交叉神經，真如地球之運行耳。所謂出無形，入無間，然此功練一日技進一天矣。」時而提醒云：「全身鬆柔，敵要啥給啥，而須略帶掤勁。所謂外柔內剛並

加注內勁與意念，才能守必固，攻必克也。」「全身鬆透每一動是體動非手動，於分陰陽純乎自然毫無執著。」所謂：「竹影掃階塵不動，月光穿潭水無痕，蒼海月明珠有淚，籃田日聰玉生煙。」鬆之意境，何等意簡言賅。最上乘的鬆則為體鬆意鬆合一，即彼力來沾我皮毛前，我意已達彼骨裡，先師的鬆勁已俱此水準也。

徐憶中師伯談鬆云：「鬆，可以消除緊張煩憂，使人體臟腑健壯，怯除病害。鬆能察覺對方動靜，制敵機先，求取勝利，如果身心俱能鬆淨，你能確信其理論並持志以恆者，來日必能成大器。」

六、鬆要有鬆勁

太極拳的鬆是摸得著，看不到的，完全靠體悟才能了解的武學，怎麼叫鬆，如何練鬆，如果練錯了，真鬆沒練成反練成假鬆，還自以為是鬆。

在教學的體驗中，推手是體悟鬆的最佳方法，雙方推手，誰能極致鬆沉，鬆淨，誰就是贏家。所以鬆是比較值，非絕對值，所謂行家一出手，便知有沒有。

何謂真鬆，真鬆要有鬆勁，譬如你與對方推手，感覺對方是一顆充滿氣的皮球，這皮球是浮在水面上的，當你想用手將它下按到水裡，此皮球會隨你的手往水裡沉，但卻有相當的浮力阻止你下按。當你放手上提時，此球隨即因水的浮力，完全貼住你的手心，不離不棄的把你的手送上來，卻不給你感覺有任何頂力，且完全無空隙地沾黏貼

隨，不丟也不頂。此種鬆是真鬆的第一步功夫，亦稱鬆持。

如果你感覺此球是在微動逆風中，你想把他推回去，它卻沾黏住你的手，隨你推的力量前進。但當你一鬆手時，此球又隨著妳的手跟著回來，完全貼隨，此為真鬆的第二步功夫，亦稱鬆空。

推手時如果你能隨著對方的力量完全無阻力的跟隨，但當對方退回來時，卻完全被你所控制，有如繩子將對方牽絆住，讓對方的行動完全在你的掌控中，而對方卻毫無感覺，如鬼壓床般完全動彈不得，此謂鬆透。

七、有鬆勁才能柔中鋼

有位同學在推手中，這樣問我：「他跟好幾位老師推手練習，感覺對方的手很輕，但沒有壓迫感，但跟老師推手，感覺好像被黏住般，特別又像一根羽毛沾在皮膚上，老師的手是敷在我身上的，而我卻絲毫無逃脫空間，為什麼？」

我向他說：「推手講求的是沾黏連隨，你與對方如果祇是皮膚接觸當然特別輕。如果你送勁時，他不抗，但有一點逃，當然軟。對方跟你推手時，根本沒有沾黏，祇是相互摸著對方的皮膚而已。所謂沾黏連隨，不丟不頂是要沾住對方，管住對方，不要丟開對方，自己先撤回手臂。是要在雙方相互含住、貼住對方手臂的前提下，意要貫注到對方的骨頭裡。用自身的柔化之力化解來勁，當對方攻

你時，不要頂住對方，要讓對方進來。在讓對方進來的同時，使對方都在我之控制之中，擒住對方，如此才能隨時感知對方動靜。如蛇纏身，如壓在水面浮球般，如羊毛砧互相沾黏般，使對方無法使力逃脫。」

王宗岳的拳論云：「每見數年純功不能運化者，率自為人制，雙重之病未悟耳。」俗云「推手檢驗拳架」，有體斯有用，體用兼賅。有人打太極拳一輩子，終不得悟。一生追求鬆，終被軟所誤，惜哉斯人也，惜哉斯拳也。然有因必有果，不得悟之因有三，一為不得明師而習之，二為故步自封，自以為是，三為執誤不悟。

安在峰大師在他的《推手解秘》說：「許多人抱著這個觀點在那裏專心致志，認真地盤拳走架，每天一遍或幾遍，甚至幾十遍地苦練。常年堅持，不斷地研討手高手低，步大步小，快慢勻整等姿勢正確與否，結果始終不見盧山真面目。」雖然太極拳講究鬆，但如果不得明師不得法。無法默識揣摩。從明師身上體驗鬆，要自悟鬆很難。更有些名師，誤以軟當鬆柔，與太極拳的鬆背道而馳，走進拳論「一羽不能加，蠅蟲不能落」的誤區，致與鬆擦身而過，終其一生，徒嘆奈何。

先師常云：「鬆要有柔勁，全身必須修練到，下實、中靈、上虛。所謂處處鬆，處處勁，體愈鬆，內勁愈強。」黃性賢師伯在教鬆身五法時，告訴徒弟說：「我重複又重複，教你們基本功，就是教你們內練的心法，這些內動的功法，就是通往以柔克剛的目的地的過程。」

八、鬆透才能沉，鬆淨才能整勁

鄭師爺在述口訣云：「曰沉，如能鬆透既是沉。筋絡鬆開，則軀幹所繫，皆得從而下沉也，按沉與鬆，原是一事。」在三無畏提到「緊張便是不鬆，不鬆何能柔，不柔便是剛」。老子「專氣致柔，能嬰兒乎」。致柔者，鬆也。通玄實第二云：「又所謂腹內鬆淨及周身輕靈，與牽動四兩撥千斤者，皆得不用力也，故鬆亦為不用力也。」於別程序曰：「惟習太極拳者，將體重付於一足，兩足時互易之，又不許用力，自胯至膝至踝俱要鬆柔。」十三勢行功心解更云「發勁須沉著鬆淨，專主一方」，鬆柔，鬆淨才能整勁。

吳圖南大師於鬆功論曰：「凡練太極拳者，皆知鬆沉為太極拳之主要條件。」又云：「蓋人體生存於地球上，莫不受地心引力，因此下降愈速則愈顯沉，能鬆則吸引下降愈沉則愈鬆，無法鬆即無沉，沉者，墜也，下降愈鬆，則沉之愈重，故鬆功之鬆與沉，可同時收效。」然沉為何物乎？垂直上下也。沉非下蹲非跪膝，唯有能立身中正，上半身不偏不倚，垂直往下，由湧泉接地，是為沉。

師爺以實腳坐實喻之，胯根內扣，鬆胯斂臀才能沉。林木火老師比喻鬆沉勁有如大樓塌陷般，節節整勁鬆沉深入大地。又如海裡的大船般能承載數千噸的貨物，池塘裡的小舢舨是無法承載重物的。

人類生活在地球上，人體之運使無時無刻不與地心引

力相對抗，全身四肢百骸如能靠地心引力順隨而下，絲毫不用己力，即鬆沉也。千丈瀑布能直瀉而下，斷線的珍珠，大珠小珠落玉盤，靠的就是地心引力。修練太極拳鬆功，其勢能如水銀瀉地般，如水庫洩洪，如荷葉上之露珠。下降愈速愈鬆，則沉之愈重矣。

楊澄甫祖師於太極拳體用全書曰：「太極功夫純熟之人，譬如綿裏鐵，分量極沉。」其意指精太極拳功者之臂使，外動鬆如綿，內實堅剛，如棉裏鐵般之沉重。勁出如棉裏針般威力，針者，聚力也，意指蓄勁於全身，出勁於一點。所謂發勁如放箭者，聚也。另有謂「臂如柳條，掌如鞭，拳似錘」，此借地心引力之勢也。這讓我想起小時候，蓋房子時要把地基夯實，兩個大人抬起打夯器，重重提起，輕輕放下。輕輕放下者，順地心引力也。夯土者不用力放下打夯器，卻能把土夯實，現代建築工地的打樁亦同。把手臂以反地心引力原理抬高，再借重地心引力，不用力，讓手臂以自由落體的方式落下。

先師精簡五禽戲千斤落石、大鵬抖翅的功法即練棉裏鐵，棉裡針的鬆沉功法。可再輔以羅漢擺腿、活動沙包之腰腿迴盪功法❿，其威力銳不可擋。

九、心靜才能鬆

要真鬆必先心鬆。修練太極拳以鍊心為起始，同時以練心為終極目標。十三勢行功心解云：「先在心，後在身，腹鬆氣沉入骨，神舒體靜，刻刻在心。」心者……心

乃五臟之首，心亂代表心臟跳動加快，交感神經興奮，心情緊張，肌筋緊繃，心亂則氣亂，全身氣血不和順，五臟六腑都受其影響，直接干擾新陳代謝系統。丹陽真人云：「心不馳則性定，形不勞則精全。」修練太極拳目的在使人維持心情平和與氣的穩定，全身肌筋放鬆，以達整勁。所謂肌筋的緊張是能量聚集，肌肉鬆弛是能量的釋放。

太極拳運動在肌筋一緊一鬆，鬆中帶緊，緊中鬆之中完成身心的修練。在心緒上做到鬆靜，能鬆靜，則心平氣和，大腦及中樞神經得到充份休息調養，使陰陽調和氣血暢通，也讓身體細胞蓬鬆，鬆通。身體的各細胞分子與分子間完全蓬鬆則氣血通暢，促進血液流通，去濁納新，達到身體放鬆與精神情緒放鬆，前提是要心靜，心不靜，意不專，舉動前後左右全無定向。

對於修練心鬆，我要求學生要放棄贏的念頭，把克敵致勝的「克與勝」字拋諸腦後，要抱著臨淵履薄的心境而心不亂❶。鬆就是一靜無有不靜，能靜下來，身體自然放鬆，在鬆靜自然的狀態下走架，才能使架式展現出鬆柔。而達到一動無有不動之整勁境界。

透過鬆開、鬆透，再藉由筋與骨架的作用力與反作用力發出無比的勁力。太極拳講「以靜制動」。即靜以含機，動以變化。武禹襄打手要言：「靜中觸動動猶靜。」靜在外形，動在內，動靜相生，陰陽相濟，故靜是為了心鬆。

十、鬆無與鬆空

師爺云：「空氣非空，空非全然無物，祇是隱含無限可能。」自我感覺鬆空是另一層次問題，空並不是什麼都沒有，而是什麼都可能發生，譬如一架噴射機，劃破空際，一隻飛鳥從天空飛過，看著兩隻蝴蝶在空中飛舞，看似空中無物，實為借空氣而行。當對方推你，給對方感覺如進入空隧道般，如被吸入宇宙黑洞般，毫無招架能力，就是鬆空。吳圖南大師云：「鬆者，蓬鬆也，寬而不緊也，輕鬆也，放開也，輕鬆暢快也，不堅凝也。含有小孔似容其他物質。」日常生活中如海棉吸水，如棉絮能容空氣穿梭其中均為鬆無。

小時候，一位表姊家是開棉被店的，這位表姊大我十幾歲，家裡的棉被祇要蓋過幾個冬天，就變得緊實不暖活，必須送到棉被店，重新翻到蓬鬆。每次將棉被送到表姊店裡時，看著表姊夫背著彈棉機將棉花彈得蓬鬆。我就會順手摸摸彈好的棉花，那種蓬鬆舒服的感覺，真無法用言語可形容。

太極拳推手如果能讓對方感覺你的手勁如剛彈過的棉花般蓬鬆，當你的手輕撫對方，對方感覺不出一點壓力，但卻逃脫不了你的控制就是鬆無。

十一、結　語

　　修練鬆是有其層次與階段性任務的。鬆有內與外之分，有物質與非物質之別。在操作上，足跗須軟如棉，湧泉方能鬆沉貼地，重心百分之百沉於實腳，湧泉鬆透以壯其根，務求肢體筋腱鬆柔以健其身。十三勢行功心解云：「意氣須換得靈，乃有圓活之趣。」「轉變虛實也，發勁須沉著鬆淨，專注一方。」圓活之趣，鬆淨之體現也，沉著是體在我，鬆淨是用在人，是不用力。即言發人如箭離弦，子彈出膛，乾乾淨淨，不拖泥帶水，不留痕跡。

　　鬆表現在動作上，無論拳架或推手，不是軟塌無力。行拳的放鬆，是太極拳的基本要求，透過放鬆的形式使人體各關節韌帶，肌筋有意識的鬆開而節節貫通，聯結成一個整體，曰一貫之勁。然後分清主次，以腰帶動四肢，放鬆全身，自然產生勁感。訓練的功法，有摧體勁、摧腿勁、摧手勁與自練三體椿，所謂不丟不頂屈中求也。

　　神舒體靜，神舒者，精神放鬆也。體靜者，軀體放鬆也。大腦能沉靜舒適，思想集中，軀體能動中寓靜，動中求靜，在完全鬆持的狀態下，進行運動，與精神完美地結合，心中無任何一點雜念與罣礙，故鬆持在心。

　　修練太極拳追求的極致是鬆淨。但修練的過程中，是始於緊或始於鬆，鄭師爺的理論，徐震先學的論述，靜磨庵先賢的警語，是值得深思的。

　　依此而論，太極拳應始於筋腱之緊，再求緊中鬆而臻

鬆柔在身，鬆靈在腰，鬆沉在根，鬆開在關節等階段性任務，達鬆透以長勁，鬆空以化勁，鬆無以發勁等不同層次。在修練的過程中，是始於緊。但不能衹追求緊，以免走入外家拳之泥沼。當習者修練到某一程度，須捨外就內，捨緊就鬆，緊與鬆合度，進入內功之修為，太極拳之鬆功才能長進，才能使全身九大關節俱鬆開。

沒有鬆的太極拳衹可稱為太極操而已。做為一種武術的太極拳，從無到緊，從緊到鬆，由外而內，完全達到鬆之各種層次。修練的過程是一條漫漫長路，師爺在自修新法以「功力之增長，一天一張紙」喻之。最終的目的是退去本力、拙力，讓太極內功上身。

【註】

❶ 師父教徒弟常云，不要緊張仍心理作用，指交感神經受刺激而興奮，因興奮而致肌肉緊縮，則有礙於力之運使與氣之通行，故師爺云：「倘有所懼，則精神與體必緊張，緊張便不鬆，不鬆何能柔，不柔便是剛，此剛者，硬也。」此有別於肌之緊張，緊湊也。

❷ 禮記：「張而不弛，文武弗能也，弛而不張，文武弗為也，一張一弛，文武之道也。」

❸「骨頭向前，肌筋向後，曰鋼中柔如綿裏鐵，發勁如棉裡針，此功法謂骨肉分離也。」

❹ 金剛經云「如是我聞」，意在如是與離言般若、實相般若、觀照般若與文字般若，故修練太極拳功遇到深刻的心法是無法用言語說清楚，講明白的，必須靠默識揣

摩，才能體會貫通，此謂「語言道斷」。

❺ 清代學者王國維曰：「凡成事者皆須經歷三種境界，一曰衣帶漸寬終不悔，為伊消得人憔悴。二曰，昨夜西風凋碧樹，獨上高樓，望盡天涯路。三曰眾裡尋他千百度，驀然回首，那人卻在燈火闌珊處。」

❻ 酒醉的人，曰爛醉如泥，全身癱軟無力，眼睛無神，垂頭喪氣，是軟，非鬆也，真鬆是周身不掛力，但須精神內守。

❼ 環跳穴處，胯根之所在也，從胯根至會陰的斜對角線是兩胯，左右兩胯形成一倒三角錐體，下端交會在會陰，而胯根上端之兩斜線交會在丹田。人體之丹田，會陰與兩胯形成一菱體，有如一顆旋轉陀螺，兩胯根所連成的環是腰下緣，頂端是丹田，底部是會陰。

❽ 師爺云：「學吃虧，何謂其學也，聽人進攻進擊，非獨不抗，且不還手，尤要黏連貼隨，方能輕便走化。」

❾ 此師爺謂：「一夕忽夢覺兩臂已斷，醒驚試之恍然悟得鬆境。」

❿ 活動沙包乃慣性運動之運用也，借重慣性原理的動與盪，手不可主動，由腰帶動，或重心在單腳，或兩腳虛實互換，左右擺盪。腰之轉動為動之原動力，雙手放下，把心也放下。臂之運使為盪，其擺盪的方向緊跟在腰後，即腰先轉，手隨後到，雙手隨腰而盪沉，此謂腰帶手動也。乃練鬆肩的最佳功法。

⓫ 因驚嚇不習慣，激使交感神經主導肌腱，致肌腱

運使不自然，出現僵硬現象，拳學謂之吃力，用力，此均為初學者易犯之毛病。無論何處，一經吃力，用力，神經末梢受到刺激即馬上發生反應，神經中樞（腦下垂體之嗎啡作用）阻礙氣血之運行與氧氣之輸送，氣血不能暢達於周身，戕害身心莫此為甚。

專氣致柔—談氣

　　氣是什麼？是一種能，任何東西都有能量存在，植物
行光合作用而生植物能，礦物有礦物能，化學也有化學
能。如果要將吸入體內的氧氣（後天氣）比喻為燃料，那
燃料經燃燒所產生的熱能就是「氣」，即人體的生物能。
此種能是看不見摸不著的，在克里安攝影機上已能測出
氣。氣乃是修練太極拳不可或缺的，人體就像電瓶能儲存
能量。據研究發現，運氣的人，在行氣之前的光是藍色，
行氣後變成紅色光。同時當運氣到心肺腎肝等部位時，脈
搏與心跳都會隨之改變。

　　練氣是要意守丹田，用腹式呼吸，促進新陳代謝，打
通任督二脈，所謂以意導氣，運氣入丹田。此以意念控
制，以現代醫學論為生物回饋訓練，如血壓高的人利用此
方法使交感神經不如此興奮，並以控制自主神經系統就能
使血壓降低。

　　氣若入靜，使大腦皮質層的功能倍增，使血壓降低，
心跳趨緩，血管舒張，有時還能使呼吸的新陳代謝減少
30%，減少體力消耗，對胃腸蠕動也有助益，訓練不隨意
肌的收縮。這與先賢所謂內修尚氣，靜中求動的太極拳理
論十分吻合。

神遊太極

　　人體的生物能也是性命之源，古道家先賢稱吐納者，吐故納新也，實仍今人所稱之呼吸。有從學者問我，行拳走架，呼吸要怎麼配合？練拳時係因氣之鼓盪而形於外，內家拳氣之作用耳。此謂形開氣合，形合氣開。即師爺所謂「以心行氣，沉於丹田，氣充乎內，則兩手隨氣浮起，（非雙手自動抬起）此即以氣運身也。是為氣合則形開，手降則反是，為形合則氣開也」。

　　呼吸是吾人與生俱來之本能，無論動與靜，呼吸都持續進行中，不可須臾離。然行拳走架切勿著意何者為呼，何者為吸，順乎自然即可。

　　如要依拳勢之開合配合呼吸，或以呼吸來決定拳勢，必致氣鬱胸悶，有違太極拳純任自然之原理，恐未蒙其利，先受其害。

　　太極拳為內家尚氣之拳，本黃老之學術，以黃老之哲理證諸科學之舉證，施以武術。老子以專氣致柔能嬰兒乎。鄭師爺引而申之。實發深谷之幽蘭。提前人所未見，期後學能本內家拳尚氣之旨，持嬰兒純淨之心練拳知拳，似嬰兒能骨實筋柔。所謂柔弱者，生之徒，剛強者，死之徒。攝生之道致柔而已，欲致柔，務先專氣。專氣者，仍將心與氣時刻相守於丹田。心息相依，如母雞孵蛋然，溫養丹田。

　　世稱師爺自修新法為太極拳之黑皮書。初習太極拳，先師推薦此書，然初讀此書，有如霧裡看花，懵懂不明其義。習拳日久，亦不時向先師請益，對於黑皮書的理解，漸能領悟拳理，並次第深入，始發現其精闢入理的拳理拳

論，可謂字字珠璣，篇篇金玉，誠習練太極拳之聖經也。

以黑皮書緒論篇而言，如配合十三篇第三之專氣致柔，更能體悟太極拳尚氣之要旨。中國人談「氣」始於黃帝，以道家老莊為尊。而「氣」此名詞始於老子，成於莊子。老子思想以道與自然為主軸，強調「人法地，地法天，天法道，道法自然」，用以說明宇宙萬物之生成原理。莊子論氣則以人為出發點，強調人在精神上的自由與解放，注重的是人體與氣的關聯性。例如「人之生，氣之聚也」。

人之生，始於父精母血。於母體內結合而成，後經母體氣血滋養，十月氣滿形全而誕生。故曰：「察其始，本無生，非徒無生也，而本無形，非其無形也，而本無氣，雜乎芒芴之間，亦而有氣，氣變而有形，形變而有生，今又變而之死，是相與為春秋冬夏四時之行也。」

人之成，始於無，因氣而生而疾至老至死，終其一生「氣」不可須臾離也。人誕生前生命，由臍帶吸收母體氣血維持細胞分裂與增生，是為先天。誕生後，由口鼻接取清氣與飲食，以維新陳代謝，是為後天。

後天命由於攝取飲食與空氣之關係，而有四肢五官五臟六腑之營衛。氣是命之根源，也是人體核心要素。故此人有病，則說氣色不好。此人大病初癒則曰元氣大傷。對於生病，不健康的人，中醫稱「氣血不順」，形容年輕人年輕氣盛，叫血氣方剛。形容一個人做事敢做敢當叫有氣魄，由此可見人體與氣的關係是多麼密切。

數千年來，中國人重黃老莊學說，凡事皆可由氣談

起，大至宇宙萬物的起始，小至人身氣機的循環，氣也是
人體微循環之物質。人可透過自我鍛鍊，行吐納之術，透
過人體氣機之鍛鍊，逐漸強化身體的筋骨肌腱與內循環。
使氣日夜循行周身十二經脈，奇經八脈，五臟六腑。結合
人身之基本元氣，達攝生養生與治病之效果。

　　元氣謂先天之氣，乃腎之精氣，脾胃吸收運化乃水殼
之氣，與肺吸入的後天氧氣，謂之三氣。導此三氣意入丹
田，沉於丹田。即師爺所謂「心與氣相守於丹田」。當此
三氣充盈於丹田形成鼓盪之氣，即可導引之，使其與血共
行於經脈內外曰營衛之氣，使其積於胸中曰宗氣，當諸氣
循行全身臟腑皮裡膜外，則丹田鼓盪之氣溢於四肢百骸。
為動盪之勢而形於外，此即太極拳之氣機矣。

　　然氣充塞於大地，無拘無束若水然，卻比水難以馭
之。人為靈機動物，生於大氣而取用之，以我之身體為氣
之載體。將氣收攝於丹田，貯藏於丹田。氣守丹田，沉於
丹田。以氣驅血而行，運血循行通脈，氣血所到之處，均
能得到溫養。得全身肌腱膜亦隨得放鬆也。

　　師爺緒論篇云：「太極拳是內功拳，以內修尚氣為
主。」「其為氣逆行由督脈而上，透過尾閭，玉枕，泥丸
是為河車倒運，通三關之法。」

　　所謂腹內鬆淨氣騰然，使氣熱騰而滲入骨髓筋膜內。
骨髓充實，筋膜有彈性，達筋柔骨堅之效果。潛修尚氣之
法，方為鍛鍊太極拳之正途。

　　先師運功圖三階之鍛鍊，集河車倒運為歛氣入骨等基
本功。精簡五禽戲之蚌吸法、吐故納新、前俯後仰、六合

式、狐仙拜月等亦為練氣沉丹田之基本功。

修練之法，先師重口授心傳，口訣精要。首須從湧泉始。猶酒瓶之瓶口，將瓶蓋打開，始能引大地混沌之氣入我骨髓。泥丸仍承天之門，引氤氳之氣入我百脈。在呼吸吐納間，天地兩氣相聚結丹於丹田，逆行小周天。則行氣如九曲珠，氣遍全身不少滯，牽動往來氣貼背，而達氣斂入骨，致專氣致柔之境界。與先師推手，感覺先師雙手如棉裏鐵，沉甸甸的，其勁如棉裡針，柔中帶剛，極柔軟然後極堅剛，真是妙不可言。

師爺對於練氣步驟，謂築基功夫。

一、「為氣沉丹田，先以意導引，沉氣要緩緩逐漸而下，不可太驟，太驟氣便浮起，其訣有四字曰細長靜慢，既能嫻習，則隨時隨地以心與氣相守丹田，則直養而無害矣。是謂意氣君來骨肉臣」。

二、注意以心行氣，以氣運身，氣宜鼓盪，氣若車輪，而後牽動往來氣貼背。意指太極拳須修練到氣能運行於督脈，身俱五弓，始得行氣如九曲珠，無往不利，氣斂入骨而得專氣致柔若嬰兒之候矣。

三、「練氣化神，所謂意在精神不在氣，在氣則滯，有氣則無力，無氣則純剛，而此一氣字已是煉精化氣之氣（炁）與氣血之氣，已又一間矣。孟子所謂吾善養吾浩然之氣（浩然之氣，充塞於內）至此則精氣之氣，又化神矣。而生神力，非氣力之力可比，是謂純剛無堅不摧，所謂技也進乎道矣。」此點正是多位太極拳先賢銘言云：「文者練任脈，武者練督脈也。」

師爺於自修新法緒論篇亦云：「氣之分別有三、在體內，乃血氣之氣是為本，既保持三十七度之體溫者，二在體外為空氣，協助呼吸貫注丹田，丹田乃氣海亦為藏精之室，久事養氣，調息於丹田。」至柔之極曰鬆，師爺云：「憶余初習太極拳時，楊澄師每日囑余曰，要鬆，要鬆。」先師每於拳架或推手時，以手指點我等雙胯，要求要鬆沉，要全身鬆透，且運黏勁，切實做到「捨己從人」，輕靈裕如。「全身鬆開，促使每一細胞開放，皆能吸收宇宙之真氣。」故至柔至鬆乃能得氣矣。

先師云：「平時行架，切記虛實，平正均勻，循環對稱，須做到不亂動，內外放鬆，如地球之運行，毫無遲滯與著意。須做到輕靈連綿，期能使每一個細胞吸收大自然之氧氣，就是專氣至柔耳。」

先師常耳提面命圓機要訣云：「欲求鬆，須氣遍身軀，須能專氣致柔。欲專氣致柔，須能氣斂入骨。欲氣斂入骨，須求心與氣相守於丹田。欲心與氣相守於丹田，須以心行氣，然後須氣沉丹田。能氣沉丹田，須修練以氣運身，氣合形開。」

此即為太極拳之內修功法。

拳論云：「行氣如九曲珠，無往不利」，「氣遍身軀不稍滯」「牽動行來氣貼背」。雙方推手時，保持神舒體靜，彼不動，我不動，將氣守於丹田。彼微動，我先動，動時，氣亦不可上浮，更須以堅定意志將氣守於丹田，沈於丹田，全身放鬆，才能聽知感知對方來勁。萬一聽不到對方來勁，代表對方功力比自己深厚，此時更不可心浮氣

躁，必須牢記捨己從人的訣竅。萬一守不住鬆的意念，被對方提放出去，也須使氣沈於丹田，切忌使氣、努氣，致氣上浮而致全身僵滯。

氣沉丹田者，為練太極拳之首要，能落胯，能定腰，氣才能沉於丹田。氣能沉於丹田，心與氣才能相守於丹田，間架才能整勁，節節貫串，此內氣與外形相互呼應。以達圓活之趣。

太極拳論意

　　時常收看動物頻道的非洲野外動物紀錄片，獵食動物如獅、豹、鬣狗、胡狼等。自出生始，即從互動的遊戲中，學習獵食的技能與技巧，累積身體的各種動作形成記憶，進而達到熟能生巧的地步，為日後求生獵食行為打下穩固的基礎。這種行為，套句武術用語，此仍動物獵食基本功，亦為其求生的意志體現。

　　凡是動物，包括人類，身體的每一個細胞分子結構，組織都是記憶體。重複的動作，不斷的學習，日積月累，在體內留下深刻的印象，即為記憶。由學習變成習慣，習慣變成自然反應，此自然學能也。而當獵食動物在獵食前，必須先鎖定目標，以專注的精神，意先抵達目標的身上再行動，才能竟全功於一役。

　　拳論云：「由著熟而漸悟懂勁，由懂勁而階及神明，然非功力之久，不能豁然貫通焉。」功法必須長時間的揣摩默識，始能豁然貫通，這是精神的層面，所謂意在精神不在氣，在氣則滯。

　　太極拳講意，學拳論意，用意不用力，變轉虛實須留意，勁斷意不斷，命意源頭在腰際。何謂意，《說文解字》曰：「意者，志也，志即識心所識。」孟子曰：「夫

志，氣之帥也。」人的行為由意念控制，意者，心之使，氣之帥。故意念有如人的大腦行控中心，當人對某事有了意念，識心所識，久而久之，深植內心，形成意志，著於意，聚於神而露於形。一個神箭手，必須意比手更快抵達紅心點，專注於紅心點上，集中精神，意守目標，才能一箭射中紅心。

意者亦誠也，所謂誠於中，形於外。為人真心待人謂誠意，畫家心中要有意境，才能畫出不朽的畫作。體育家的動作要有精神，舞蹈家的舞姿要有神韻，均來自於做一件事的用心與用意。

太極拳用意不用力，又何嘗非如是。記得念初中時，一位國文卞姓老師說：「西遊記裡的孫悟空，一個意念駕起觔斗雲，瞬間抵達南天門，此意也。」

意者，可以定於心中一點，亦可到處遊走。所謂三心二意，心猿意馬。難以駕馭。先師曰「以一馭萬」，若吾人將心著於身體某處，曰守竅，即守意也。著於體外，曰「心守於身前二三處」，先內守再著於意，而不露於形。此乃太極拳意之奧妙處，思想與行動能配合得天衣無縫，周身一家，相信修練太極拳能帶給身體健康，全在一個「意」字。

例如將意守於手掌勞宮穴，則手掌心會慢慢發麻發熱。站樁時，將意守於腳底湧泉穴，則湧泉穴會湧出一股熱氣往上竄。當意念著於身外而露於形時，猶當口渴時，首先在心裡產生意念，再引領身體付諸行動，兩腳走到茶几旁，左手拿茶杯，右手拿茶壺，倒茶飲用。此乃意念引

領行動，行動貫徹意念也。

鄭師爺云：「惟肌之收縮與屈伸，全身為數達六百五十六條，若無氣以推動之，此亦不過一龐大組織之運動工具而已矣，骨骼關節之可鍊如堅鋼，若無精髓以填補之，即成脆朽之骨，又有何用，神經之交感，知覺之運用，若無心靈之感應以啟發，神經知覺輒形停頓。」心靈之感應就是意的最佳註解。一部汽車，油箱注滿了汽油，若無人驅動，以人之意志驅車前往目的地，亦不過停在路邊的一堆鐵器耳。

由此可知，人體肢體，如無大腦之控制，心意之驅使，意與氣相互貫串，亦不過行屍走肉而已。拳經云：「意氣須換得靈，乃有圓活之趣。」行拳走架，以意驅使，步隨身換，綿綿不斷。推手以意驅動，不動筋骨，能制人於無形而不受人制。所謂「勁斷意不斷，如藕斷絲連也，文思泉湧，筆斷意不斷也」。祖師爺曰：「凡此皆是意，不在外面。」

有意打人非真打，無意打人方真打。發化拿打，不可執意，一但執意，肌肉就僵了，緊張的神經馬上傳導到指梢，被對方聽覺。聽勁仍在有意與無意間討消息，發化能讓對方無所覺，關鍵在意。然不可執意，又要用意，真的很難，其中的拿捏，只能心領神會。這讓我想起一首古詩，「欲寄君衣君不返，不寄君衣怕君寒，寄與不寄間，妾身千萬難」。

與從學者推手，感知學生的手硬梆梆的，我說：「把心放下，不要著意，也不要在意，把全身放開，把手也放

掉。」譬如到市場買了一斤肉，吊在手臂上，準備回家大快朵頤，深怕半路把肉給掉了，回家沒得吃，而不敢把手臂放掉，老是用意念提在那，那就鬆不了。把手臂放掉，豬肉掉了又如何，沒得吃就算了，何必在意。布袋和尚云：「左也布袋，右也布袋，放下布袋，何等自在。」由這可知意對人外在行為與內在思想之影響。此乃用意走化之另一解也。

十三勢歌論意，說得夠透徹了，祇待有緣者去體悟。命意源頭在腰際，變轉虛實須留意，勢勢存心揆用意。以腰為軸，腰腿認端的。定住腰再將意引導至湧泉，則勁出湧泉，力由脊發，全身意在精神不在氣，在氣則滯。八法功架或推手之化拿打，無處不是意。

太極拳的最高境界不是把人推出去，而是讓對方感知以意使氣無窮盡的勁力，這就是以意導氣。也讓對方無法將你推出去，讓對方感知意守湧泉的根勁。如對方推你中盤，你必須分別將意放在湧泉與百會。全身中盤形成空隧道，讓對方摸不著。

譬如一個長條狀的氣球，從兩端對拉，中段形成一個窄管狀。如常山之蛇，打頭則尾應，打尾則頭應，打中間則頭尾俱應。應者，意也。

轉換虛實須留意，意留在哪裡？丹田、湧泉、泥丸、夾脊與尾閭也。太極拳之任何動作無不聽命於意，四肢百骸無處不留意。所謂意到、氣到、勁自到，以意指揮氣，指揮動作。意是無所不到的，是內外相合，上下相隨，剛柔並濟的。用意是太極拳的精髓。而這也是陰陽互為其

用，陰陽虛實是太極拳意的體現。有陰陽就有虛實。先師云：「兩腳虛實轉換在尾閭，兩手虛實轉換在夾脊。」當右虛腳經尾閭轉換為實腳時，右腿屈膝坐實，左腳放虛須留住一分意，當重心轉換到左腳時，右腳變虛，也須如此操作。

先師在教導五禽戲之狐仙拜月，乃轉換虛實，虛腳留意的功法。要求當左前腳為實腳時，帶動右後虛腳往上提時，虛腳之湧泉穴須有一條無形的橡皮筋與地面連接，把湧泉的意留在地底下。在行拳走架時，每一實腳的鬆沉，實腳意念往下沉，虛腳也須如此操作。

在湧泉鬆沉的當下，泥丸之意念必須衝出百會，再往上無限伸延。拳論云：「上下前後左右皆然，凡此皆是意，不在外面，有上即有下，有前則有後，有左則有右，如意要向上，即寓下意。」此云，右手有往上意，左手必有往下意，湧泉有往下意，百會必有往上意，對拔拉長，始得中正安舒矣。

行拳走架，推手，如無法守住泥丸往上的意念，即頭頂懸之勢，必致隨著腳下鬆沉，全身往下塌陷。則無陰陽相濟也。故曰對拔拉長，也是意的境界。

公園裡在草地上尋尋覓覓，專食蚯蚓的蒼冠麻鷺，杵在草地不動，意聽也，當他啄到蚯蚓時，會先往上拉緊。再突然放鬆一點，即能馬上將蚯蚓拉出來食用，此鬆之意也。太極拳拔敵人之根，如欲向前先挫後，亦復如此。

推手發勁，雙方對峙，要想拔對方的根，必須深切體認用意不用力。以意領動，意念貫穿對方的身體，直透對

方身後處無限伸延，眼神直視對方身後，才能動搖對方的根，讓對方的根氣上浮，發勁於無形。所謂引進落空合即出，得機得勢，全在意中求，根本不用力。「彼力尚未及我身，我意已入彼骨裡」，乃當與對方推手時，對方之力尚未及於吾身，我意已滲入對方骨裡。意之所至，氣亦至焉，所謂搶敵機先，入木三分，在對方有所意圖時，我已洞燭機先，搶先發勁，此為意之搶位與氣之入侵也。

傅鍾文先賢曾云：「練每一個動作時，必須先有意識，意識要先於動作。比如起勢，雙手俯掌徐徐上提時，須先有上提的意，提到與肩平時，要先有下落的意，兩手再慢慢下按，一招一式意識與動作配合上，意識引導動作，使拳就進入忘我的境界。」

用意不用力，應拆解為用意與不用力。才不會進入太極拳之誤區。盤拳走架，切勿用力，應以意領動，以氣運身，這有如汽車靠汽油氣爆產生動力，推動汽車行駛。而汽車要開往哪裡，則由人的意念控制，行動操作。不用力者，師爺於自修新法通玄實篇云「不受對方來襲之力，即能貼隨對方之作用力」，「再以其人之力，還治其人之身，已身完全不出力矣」。

意與氣也是相當密切的，如「意要穿透泥丸，直沖百會」，此虛靈頂勁也。「行氣尤須細長靜慢，表裡俱須鬆開，全身一切放下，純乎自然，惟自尾閭至顛頂，要有意氣相貫，務求內外合一」。太極拳強調的是用意，用心驅使，役使能量。意念控制肌腱骨，引導動作，並超脫動作，且抑制動作。然意也能無拘無束，無羈無絆，當需要

安定時，也能收束心神，專注身體某處，使心與氣相守於丹田。

　　所以人對某事先有意念，深植心中，決心完成它，而產生意志。持久之意志即形成內在之意識。中國人造字，意者，立日心也，即每日心裡想著同一件事，祇要不去完成它，心裡就掛意。

　　意念者，瞬間產生之念頭也。意志者，決心要完成某事，此意之能量也。意識者，內心長期執著於某事，雖不露於形，卻形於神。長期以來，大家把「意」說得玄之又玄，其實祇要加以解析，就能使學者易於領悟，體悟。如經過長期意志的磨練，人的肌腱筋骨也會是記憶體，自然意到、氣到、勁自到。

　　太極拳是走意走勁的運動，練太極拳沒有意就不能體現太極拳為內家拳的特點，但如意念過重也遲滯。用意要與身體各部位動作配合，意與動作配合不上，練拳就達不到預想的效果。務使行拳功架達陰陽相濟，虛實分清。意、氣、勁關係密切，三者配合才能整勁。此謂內三合，即心與意合，意與氣合，氣與勁合。

　　太極拳的至高境界是意氣分得靈，到了意與氣分得靈的階段，在意不在氣，全身渾然一太極。推手時，手意太重，猶如送肉入虎口。請記住「有意似無意，不要刻意，無意才是真意」銘言。不論對方挨到自己何處，何處都能自然反應。如「全身是手，手非手，但須方寸隨時守所守」，此守意也。到此境界，則能隨心所欲。

　　有經驗的老師常說，要整勁，要統一行動，間架要

整。但如何體悟聚，整，才能做到集中一個點，全身形成一個勁？有如鐘擺擺動，帶動時鐘所有齒輪一起動。其重點在用意念來指揮動作，意念身腳手統一在一個方向，走同一條路，集中到一個打擊點。使全身的勁力在一點上發出。譬如一個裝滿水的水桶擱在那，要求你耗最少的勁將它提起，首先你要用意想著把它提起來，然後用意念指揮手的動作，意念和動作一致形成意志，全身就會自然地配合，這樣就能耗最省的力量，把水桶提起，如此才是最集中，最完整的勁。

譬如「掤」五個手指頭是自然朝一個方向的，如果大拇指向上翹，或往裡彎，或往外一歪。意念無法集中，所出的勁就不是一個方向，勁就散亂了，雖然祇是一點點，但勁就不集中了。

又如「摟膝拗步」，如果弓腿的前腳尖稍微向左或向右撇一點，全身的意就斷了，擊出的勁就分散了。

更重要的是膝尖要對準腳尖，此所謂一個意向一個勁。不管行拳，推手技擊，全身一個勁，周身不掛力，意到、氣到、勁自到，是最基本的要求。

如要用簡單的詞彙要精準來描述「意」，讓普羅大眾很明白的了解「意」是件很艱難的工程。總結本篇，盡可能歸納來解釋「意」之為意，具體說「意」是專注，是貫徹。一個射箭手拿起弓箭來，擺好架式，眼睛瞄準目標的當下，意必須瞬間抵標靶，意一定要比手更早抵達目標，專注在紅心點，如果沒有專注力，或專注力不夠的話，就很難射中紅心點，成為神射手。

意是嚮往加想像，西遊記是一部刻畫人性內心世界本
能與本性的古典傳奇小說。孫悟空一個意念一個觔斗雲，
抵達南天門，代表唐僧嚮往去西天取經，然沿途受風火山
林磨難，意念難免心猿意馬，必須以緊箍咒來控制，此意
念如孫悟空七十二變，變易也，故孫悟空是唐僧意念的化
身。想像能否一個意念，就抵西天，取回經典。沙悟淨
則是唐僧之定與靜的化身，是意志，堅定意志。意更是精
神，要專注在某事，嚮往著達成目標，想像馬上能完成
它。而豬八戒則為唐僧之本性與本能，是意識，也是人性
貪癡瞋的潛意識，此必須有精神支持與戒律的支撐。

在學習太極拳的過程中，內心難免孤單挫折，應本唐
僧西天取經的精神，如沙悟淨隨時守在唐僧的身邊，堅持
不懈。故太極拳談用意，應是「用心貫徹太極拳體用的各
項規則」。

以現代人的語言談意。意是什麼？意就是人體的電磁
波，以身體的脊柱為中心柱，縱向方式向四周擴散。以丹
田為中心，三度空間向四面八方擴散，要具體感受到身體
的意，請佇在逆風中吧！當你站立在逆風中不動，身體意
念自然向前，與逆風相對抗，不讓逆風吹動的意境。當你
在行拳走架，請把空氣當水吧，行拳有如在水中走動，雙
手撥動水花感受水所造成重重阻力。當你在推手時，把對
方當空氣或陣陣逆風吧，讓你身體的意動去跟對方的勁力
而動，不頂不抗。

在心境上，請你儘量在心靜的時刻行拳。讓意隨心
轉。突然有一天，一趟拳下來，驀然回首，恍然自己已到

另一個時空，所謂山窮水盡疑無路，柳暗花明又一村。置身在這種意境，哪是呆在紛擾世界的人所能體悟的。此時此刻，更要以採菊東籬下，悠然見南山的心境行拳，二趟拳，時空的昇華，會讓你忘了我是誰，渾然進入忘我的時空中，不知置身何處的感覺。行拳走架與大地融合在一起，天人合一。此時刻，拳已非拳，身已無身，意已無意，心境何等快活，紛紛擾擾的大千世界與我何干。行到水窮處，坐看雲起時，獨享這片太極空靈的大地，千秋一世。與人推手，也能融入兩人的時空，成為一體，你儂我儂，全身透空，周身一家，自體整勁無秒差，兩人互動也無秒差，所謂我泥中有你，你泥中有我，雙方均臻此境界，謂玩推手也。

意境隨著心境，表現也有差異，行拳與推手，偶有此種感覺，可遇不可求，必須抓住難得的機緣，與太極體互動，去體悟太極拳的時空之旅，當然這種意境也會隨著你對太極拳道的修養，心境的昇華，增加出現的頻率。

【註】

心與腦是意之源頭，意念的實踐在腳底，執行在手，冥想也是執行意念的方法之一。譬如，兩腳平行站立，兩手向前伸直，平肩高，閉目冥想右手，口中默念：「右手變長……」。如此默念數次。然後睜開雙眼，感覺右手果然變長了。這就是意念的實踐與效果，但右手其實並沒有真正變長。

美人手

　　美人手是鄭子太極拳腕部之特色。即腕關節要自然平直，不可翻腕或懈腕，有別於其他太極拳。這是太極拳邁向鬆淨的一大突破，師爺曰：「手背筋不浮露，無論何式，腕背皆要自然伸直。」更特別提醒「手腕要注意貫氣」。師爺以一醫者，對於人體結構，經脈膜理可說瞭若指掌，而有掌要美人手之真知灼見。

　　美人手的重點在腕部，雖然鄭師爺在其著作中，亦強調坐腕，甚至在簡易太極拳式之起式，要求坐腕，但卻也特別提到手腕要注意貫氣。因為刻意坐腕，腕部貫力，氣止於腕節，無法貫注於勞宮穴達於指梢。所謂「兩腕背向前微弓，掌心向下微展，指尖微起向前不張不併」，此乃預備式之渾元站功。對拳則有「拳與普通握拳同，惟外形似緊非緊，內則大鬆，腕背要自然伸直，不可歪曲」。故雖曰拳，其實對於腕背之要求與美人手相同，且指背必須與腕背垂直。

　　以人體結構學論，美人手者，從尺骨側面觀之，尺骨與掌骨約呈十二至十五度角掌骨與第一指掌關節亦約呈十二至十五度角，往上之第二指關節同樣呈十二至十五度角。而在預備式落胯時亦然，身體與大腿骨也呈十二至十

五度角，大腿骨在膝蓋部份與垂直地面的垂線也是十二至十五度角，如再進一步觀察，脛骨膝蓋端與地面垂線也是一樣的角度，這是人體最自然的黃金角度，處此狀態的肌腱群處於最鬆弛的狀態，血管沒有彎曲，血液流通最通順。如果硬要打直則肌腱緊繃，肌肉亦是緊張狀態，血液循流變得遲緩，甚至阻塞，且消耗能量。以上乃許廷森醫師以其醫學觀點，來詮釋太極拳之美人手，實有其獨到見解，值得習練鄭子太極拳身法的參考。

　　人體關節以肩、腕與胯最為靈活，可作三百六十度向之旋轉，但也最難鬆。故在習練太極拳時，如果刻意要求手腕、手臂的運動，無形中而忽視了鬆肩鬆腕的重要性，致盤拳時，腕部軟弱無勁，靈活有餘而剛健不足。或力貫腕部，阻礙了氣貫指梢的通道，致內勁無法貫注於指尖，也影響到手臂的掤勁，殊堪可惜。

　　腕部若鬆懈，手臂必然無掤勁，推手時，聳肩縮肘，患了手部丟與逃的毛病，易被對方制肘而拿住手腕。發擊時用手出力或腕部刻意灌勁，而被對方聽知身體所發出的攻擊訊息，反被對方所制。因此，在手臂伸縮升降纏繞過程中，腕部即不強硬也不軟弱。所謂不動手者，係從肩、肘、腕均不可主動，而是由腰胯帶動，即能聽知對方的勁路且不受制於人也。

　　然太極拳美人手最主要乃在心法之層面，美人手，鄭子自修新法云：「手臂筋不浮露，腕背皆要自然伸直。」即手指向上，肘尖垂地，腕、掌與小臂呈一直線，謂之美人手。然手指向下，手臂自然下垂，腕、掌與小臂也呈一

直線，亦稱美人手乎？

　　以上兩者均止於外型而論，因為美人手不祇美人手，真正的美人手，除了手形的要求外，最重要在於有意與無意。有意者，如汽車已上檔，無意者，如汽車處在空檔或 P 檔。故由美人手而牽動全身之鬆凈，才是最主要的目的。

　　要作到真正的美人手，以下幾點須特別注意，不祇腕背要自然伸直，不可彎曲，手背要筋不浮露，掌心要微展。食指、中指、無名指、小指要不張不併，大拇指自然外展，拇指第二指節微收，指尖之意念要向前，要求氣要貫注勞宮穴而達於指尖。且美人手之腕部自然平直，與墜肘落胯有相應關係。

　　在操作時，由腳底湧泉鬆沉始，湧泉一鬆沉，膝微曲微張，胯馬上往下落，肩往下沉，肘自然下墜，小臂直立，腕部平直，指尖向前。

　　一個動作，完成這一連串的運動，間架才能完整，全身自然鬆淨，則內氣自然沉於丹田。故美人手者，須以尾閭收，鬆腰落胯，沉肩墜肘，湧泉貼地，內外相合，上下相隨，再輔以意念，始全其形。此即所謂「能墜肘，才能鬆肩，能鬆肩，沉肩才能氣沉丹田」。

　　在整套簡易太極拳式中，掌拳均要求腕背要自然伸直，唯有在起勢要求坐腕，何故？此仍腕部自然坐腕，氣才能走到勞宮穴也。師爺喻行拳如陸地游泳說，水有阻力，人體在水中運動必遇阻力，在伸縮或彎曲時感覺遲重。

譬如起勢乃手臂運動，喻手臂置於水中，由預備而起勢，兩臂提起時，兩腕背上突，若水中浮起，手指下垂，二變也。

此乃手指遇水阻力形成凸腕，手指自然下垂。當手臂提至兩腕平肩時，又復行氣舒指，筋絡似若不張不弛，三變也。

此乃手臂離開水面，阻力消失，手指自然伸直，唯須意氣貫注指梢始能為之。當收回時，肘尖定住，手臂摺疊至胸前，其時從腕節至指尖因放鬆而自然彎曲，四變也。

小臂收回貼近大臂的過程中，腕部放鬆是人體生理結構之自然現象。當兩臂將復降落時，兩腕若沉沒入水，指尖俱若飄浮水面，五變也。

此乃放鬆手臂，小臂輕輕放下，手掌遇水之阻力，而自然形成坐腕現象。特別強調此勢設若兩臂用力，非自然坐腕而是刻意坐腕，必致肌肉緊張，非太極拳所宜。

最後手臂自然垂懸，末端腕節定住，掌、指因水之阻力時間差，尚有餘動，緩緩恢復美人手之勢。

這有如釣魚時拋入水中之魚線，魚標已定住在水面，魚線隨鉛錘之重力慢慢下沉，當鉛錘因魚線長度之限制定住在水中時，由於魚餌比鉛錘輕，鉛錘下沈到極限時，魚餌遇水阻力尚有下沉之時間差而產生下沉之餘動，當魚餌下沈與鉛錘在水中呈一垂直線而定住時，就如手掌之腕節定住在水中，掌指再慢慢下沉般。

師爺陸地游泳說，在起式已充份體現，故在教拳時，我常特別強調，想像立於水中，水深及腋而不超過肩，當

兩手臂上提時，手指之指背遇水之阻力而往下，形成凸腕。當腕背平肩離水面時，手指相繼離開水面，因水之阻力消失而瞬間上翹，但此須氣貫指梢，也就是太極拳以心行氣，以氣運身之結果，此時的手形亦為美人手。

收回小臂時肘不動，形成小臂貼大臂，小臂直立，腕微凸，指微曲，小臂復沒入水中，指腹遇水阻力而使手指往上浮起，形成自然坐腕，此必須腕部充份地放鬆。故師爺曰：「我謂起式著重手腕之運動。手腕能了解鬆淨，方知空氣非空，如水然。行拳走架，全身放鬆似在水中行拳，有沉浮吞吐。每一運動即覺氣之鼓盪，苟能逮乎此境，則已非常人所能及也。」

想像充氣玩具當未充氣前，是癱軟的，但當充滿氣後，四肢挺立，氣貫末端，毫無轉折，則整個充氣玩具因氣足而挺立。絲毫無斷續、無凹凸之處也，故美人手亦含全身圓滿之意。

楊祖師爺露禪曰：「太極拳者，運動身體，而感及心靈。」又云「太極拳于武術之用，在不用力，而卻不畏有力也，倘有大力者來擊我，以吾之至柔，自足以制勝者，蓋順其勢而取之也。」運動身體而感及心靈是體，以至柔順其勢而取之是用。

太極拳乃尚氣之拳，因美人手在身法上全身九大關節均形成弧狀而無大轉折，肌腱不刻意打直，而使氣血運行通暢，氣遍全身不稍滯，全身鬆淨氣騰然，故能練出至柔之拳。譬如弓步按式，當雙手向前按時，如果刻意以腕部按出，形成坐腕，必致肘尖挺直，意念上提，前膝跟隨超

過趾尖，上軀微向前傾。故在擠轉按時，腰胯後坐，分開雙手，落胯按出的當下，能全身往下鬆沈，湧泉鬆開貼地，湧氣達於背脊，肩退、肘垂、小臂垂立，腕節垂正，收下顎，以意領氣，貼於脊背，氣貫指梢，能體此則能充分悟美人手之奧妙。在推手運用上，亦能以不用手，不動手應付之。

美人手應用在推手時，應注意小指必須內含，才能引領無名指、中指依次內含，如果我們把手掌比喻為水中游魚的頭部，大拇指猶如背鰭的功能，食指才是魚頭的功能，即食指引領勁的方向，大拇指則穩定勁的方向，五指各有所司且均以意念為之，不可單獨撥動任何一根手指，均須掌隨手動，手隨腰動，腕部才能避免單獨翻腕外撥之弊。

必須確實記住，太極拳是腰帶手動，手都不可主動，更何況是動手指，手指祇要掌握住勁的意向即可。一般習練太極拳者在推手時，最常患的毛病就是翻腕頂撥，用小指頂力外撥，就是刻意坐腕所造成的結果。而在掤轉換為擠按時，更明顯的以翻腕，撥動小指取代轉腰，小指有外撥用力之意，腕節馬上外翻坐腕，形成斷勁，違反鄭子太極拳美人手的理論。

其實手掌由陰轉變為陽，由掤轉換為捋或按或擠均須全身整體鬆沈且不動腕而以腰胯為之。尤其在化勁時，腕隨腰胯向內含，形成聚力，才能使對方落空。

一條水管當打開水龍頭時，水可直沖出來，但祇要水管中間有彎折，水流就不順了。太極拳美人手之腕背自然

鬆直，腕背呈圓弧形，使內氣循行全身。記住，推手時，肘尖不刻意上揚跟外翻，把小指外撥的意念放掉，不動腕，手部不用力，就對了。

在先師的九轉乾坤自練與對練的功法裡，特別強調兩手食、中指相疊守中內含形成美人手之內聚力，目的在磨練十指的鬆勁。由兩小指內含引領其他八指與腕背內旋，讓兩臂背與背脊形成弓背，兩肘與兩小臂內含形成弓弦，使全身形成整體合勁，並由意念引導化勁，操作得宜，可致對方力勁完全落空。

九轉乾坤是練手的化拿打，身形更如颶風中的大樹，無論對方的著點加諸於我之腕或肘或臂或肩或軀體，都能隨著點搖擺而不讓對方撼動根勁，並將對方勁力化之於無形。

頂頭懸、虛靈頂勁

　　在太極拳對於「頂」的論述有虛靈頂勁、頂頭懸、頂滯周身僵。而在十三勢行功心解裡的「精神能提得起，則無遲重之虞，所謂頂頭懸也，意氣須換得靈，乃有圓活之趣」。十三勢歌有「尾閭中正神貫頂，滿身輕利頂頭懸」。在打手歌裡有「黏連貼隨不丟頂」。前賢對「頂」的論述雖多，但卻無發詳推微。使習者有丈二金剛摸不著頭緒之感。

　　師爺自修新法述口訣：「曰虛靈頂勁，即是頂勁虛靈耳，亦即所謂頂頭懸之意也。按頂頭懸者，譬如有辮子時，將辮子繫於樑上，體亦懸空離地，此時使之全身旋轉則可。若單使頭部俯仰及左右擺動則不可得也。」預備式曰：「惟自尾閭至顛頂，要有意氣相貫」，「要頭部不可前俯後仰，左右擺動，須若頂頭懸，輔以尾閭中正神貫頂，達乎泥丸而已。」都是頂頭懸和虛靈頂勁最佳註解。

　　大陸太極拳名家李遜之在教學生時說：「你把頭豎起來，將身子豎起來，你就什麼都不要管了，感到順了，得力了，就行了。」把頭豎起來既虛靈頂勁，非也，因為光把頭豎起來，是不夠的，還要得力了，感到順了，才是虛靈頂勁，故修練太極拳身法首要為虛靈頂勁也。

　　姚繼祖先賢在講述行止坐臥練功訣云：「比如走路，要提頂，吊襠，含胸拔背，鬆腰胯，坐時要端正，尾閭要中正，睡時以意行氣，神意守牽，氣行周身，此為無象。」提頂既頂頭懸，師爺有句座右銘：「手容恭，足容重，要撐，要撐，豎脊樑。」先師曾回憶，此座右銘壓在師爺的書案上，隨時提醒著師爺，時時謹記於心。豎脊樑必以虛靈頂勁為要。

　　姚繼祖壁上對聯：「立定腳跟豎起脊，拓開眼界放平心，神意守牽行百絡，腰腿換勁應萬端。」有名家說：「虛者，鬆也，靈者，頭也，頂者，提也，勁者，氣量，本領也。」全句意為鬆鬆頭，頂就會有氣量，本領，全身才會靈活。譬如風鈴，提起中心點，全身便輕靈。頭完成了頂頭懸，身軀自然飄飄欲仙也。所謂提綱契領，頭鬆空了，輕靈了，全身也才能輕靈。又說：「頂頭懸必與湧泉貼地相合，立身才會安舒中正，有如琴弦自然挺直，手指一撥弄，著點去而復返，均在兩端的掌控中，如此就不會失之中正。」

　　頂頭懸，虛靈頂勁，頭頂百會如繫著一根線，往上懸吊在空中，頭似能隨風擺盪，這是由外拉著頭頂往上懸，是被動之頂頭懸也。先師要求的虛靈頂勁，頭頂上似有無形的千斤重擔往下壓，頭必須往上頂，才能撐住這無形的重壓。俗云「天塌下來，有高個子頂」。設如你就是那高個子，必須頂住天。但須主動的由內往外頂。是一種意念操作，意念先在泥丸，似有一股氣往百會竄，此意念有如沖天炮，由泥丸上沖百會，直透天際。

眼神平視而內斂，眼觀鼻，鼻觀心。下顎後收，自然使玉枕豎起，頸背似若貼住後衣領能容一指。唇微閉輕合，舌抵上顎是必要條件。頭能頂懸，頸就能鬆。也是立身中正的關鍵，設如眼神往上飄，頭必後仰，眼神往下看，頭必前俯且帶動上軀前俯後仰，學者須慎之。

鄭師爺之「承天之氣，接地之力，壽人以柔」。是對滿身輕利頂頭懸最貼合的描述，百會要能提得起，湧泉要能放得下。以頭上百會穴虛靈頂勁，才能承天之氣，兩腳湧泉穩固貼敷地面才能有接地之力。當兩者都能同時做到時，身軀就像掛在半空中的氫氣球般，又如頭似有一線繫住，將全身懸吊在半空中，雙腳若離地，有如踩在蓬鬆的草地上，有輕浮之感，即可滿身輕利，運轉自如。

太極名家祝大彤對行拳有立柱式行拳之說，言行拳時身形有如矗立在地上的水銀柱，從百會至會陰是一條筆直的垂直線，向天聳立，向地心垂直，不可有所偏移。鄭師爺銘言：「若使頂頭懸有所偏移，三十年功夫白練。」行拳時，搖頭晃腦，眼神東飄西瞄，扭腰擺臀，身體便失之中定，無法保持平衡，如何能中正安舒？身形既失中定，要想長勁簡直緣木求魚。

在推手練習時亦然，不管是平行步、弓步、定住兩膝是最基本的功法❶。鬆沉時，腰胯定住，兩膝順著兩腳中趾外張，下肢有如被往下壓的彈簧，隨勢鬆沉。上軀則由百會領勁，把握正確的行拳姿勢與推手身法，何懼功夫不上身。先師對這有更貼切的形容「身體要像提著的燈籠❷，或有如弓背兩端繫著的弓弦，上端為百會，下端為湧

泉，兩端是呈對拉關係」。

在與先師習拳的歲月裡，先師最常提醒師兄弟：練拳要求「上虛、中靈、下實」。上虛者，頭要虛靈頂勁也。中靈者，腰胯要輕靈也。下實者，足要平實貼地也。與師爺名言「承天之氣，接地之力，壽人以柔」，有異曲同工之妙，此為修練太極拳極終目的。

直立的人類身體最大的毛病就是容易彎腰駝背，俗稱佝僂，這種身形是阻礙氣血暢通的最大殺手，亦是萬病之源。人們常常在做完某件事後，心想口說：「好累喔」，整個身體也隨之塌下來，長期養成這種壞習慣，難怪會痠痛纏身。記得小時後老師教寫毛筆字時，要求身體要端坐，頭要正，毛筆字才會寫得端正。木工師傅在教學徒鋸木板時，也會提醒說：「身子不要歪掉，頭不要偏了，不要斜眼看鋸身，要正視鋸子的背面一線，鋸出來的木頭就不會歪掉了。高音歌唱家，開唱時，吸一口氣，把頭往上提，豎身縮腹、精神提得起，才能唱出宏亮的歌聲。

鄭師爺常向從學者說：「頭不頂懸，三十年功夫白練。」在教練推手時，我亦時常提醒學生，不可塌腰駝背，記得有一位方姓學生，在別處練學七、八年的拳，當我初次看他演示三十七式拳架時，不僅步伐開得太大，上體也彎腰駝背，眼睛祇看在前方一公尺處。這種身法怎能打好太極拳。然經過兩年多的矯正與時予提醒，總算把身形矯正過來了。但如果以學練推手，還是有很多不良壞習慣須改進。還有一位張姓學生，老是把眼神往天上看，造成身體後仰，諸如此類，都是太極拳身法的致命傷。

我曾向學生說，想像你在端午節正午 12 點時分，站在陽光下，你的周圍沒有半點身影突出身體外側，就對了。另有一解曰頂頭懸如扒牆觀遠，將雙手扒在圍牆的上面，身體吊起，頭部超出牆面，向遠處看去。記得在訓練吊單槓時，身體不自然而然也會有似扒牆觀遠，下巴後收的動作反射。行拳走架，如能體會此奧秘，頸要鬆豎而不僵，頭頂懸，必能有所得矣。

　　練拳須循序漸近，如蓋房子要從地基開始，地基打穩了，才能蓋出不怕地震的高樓大廈。

　　練習太極拳，首先須求下實，打好築基工作，練好腿上功夫，次求上虛即頂頭懸也，兩者兼俱，腰胯才能輕靈，旋轉自如。在先師對腿的基本功，除了站樁功外，彌陀拜山式也是一精緻功法。此式又名坐船渾沌，人體猶如站立在小船上，先以兩腳並立復抬一腳以虛之，銜在實腳之腳跟後側，虛腳腳尖虛點地，兩手合抱在胸前，距離胸部約 30 公分。夾脊要有意氣相貫，實腳要鬆沉到湧泉，神意直貫頭頂，此所謂意氣相貫之勢❸。

　　此勢百日功進，腰腿自然有根。而鳥伸，行步功（行經步）等栽根心法，亦是單練法之重要一環，針對承天接地亦有奇妙，學者久練，恆練必收下實宏效也。

　　「黏連貼隨不丟頂」❹，多數初習者均誤以為不丟頂即不頂抗不丟失之意，此非也。此「頂」應另有一解為「頂不丟」，即在推手時，因黏連貼隨即已和對方完全貼隨。何必重複不頂不抗不丟呢？故此不丟頂為推手的過程中。均要保持目視對方，即「專注一方」不可將頭仰視俯

神遊太極

看、左歪、右斜。此功甚為難練，一般人祇要轉身，都會帶動頭跟著轉，此為頸椎不鬆所致也。所以推手要黏連貼隨，要專注一方（**對方身後某處**）才能不丟頂，謂之頂頭懸也。精神能提得起即是神貫頂，則尾閭中正成矣。

下以接地之力，湧泉貼地，上以承天之氣，頂頭懸。在心意神上，頭部僵滯不利於平衡，心腦僵累影響全身放鬆。心腦放空，使頂上有虛靈之感。將精神意念虛虛地想像在頂上就夠了，不要有意去「提、領、懸」，使頭部自然虛靈有神。操作起來，是很難，因為用力不成，用意也不十分妥當，稍有「豎腰立頂」之意，在一豎一立之際，縱使只有一剎那的念頭，將使腰、背、頸三個部位皆緊，胸也憋悶。故在行動時，應以虛靈頂勁的「虛靈」取代「頂」。精神能提得起的「神」取代「提」。再加上頂頭懸的「頂」。意念放在「虛靈神頂」上修鍊。

在操作中，頂上要虛虛靈靈，輕輕鬆鬆的。頂的虛靈狀態是將精神放在頂上為上乘功法。而不是刻意去「頂」去「提」。在陰陽變動的行動中，陰動行功時頂上的百會穴發熱。故頂也分陰陽。也是陰陽相濟。人體為太極之體。頂與周身各部位一樣，動分陰陽。

故頂在人體生命中占據天位，居高臨下，俯視周身內外，為周身上下內外之主導，周身上下協調統一，頂應為逐一協調統一的總調度長，頂上虛靈，頂上有神，自然有一種清新的感覺和味道。

【註】

❶在推手時，將人推出去，「頂」在前庭意往後。將對方往我身後跌出，「頂」在後腦勺意往前。走化時，定住兩膝與兩肘與丹田合稱五點金定住。

❷想像天空中有一條固定著的線，懸住你的百會穴，有如提著燈籠的上支點，而往地下垂的燈穗與燈籠的接合處是下支點，上下支點使燈籠不致搖晃，此上支點即頂之最上點也。

❸虛靈頂勁就是頭不偏不倚，不前俯後仰，自然正直，一切以意念操作，不用硬去做，硬去做就容易出錯。

❹沾黏連隨不丟頂論：常謂沾黏連隨與不丟頂，皆義同。然既謂沾黏連隨，復重申不丟頂，此費辭也，故應作兩義三解。即不丟頂者，頂不丟也，乃頂頭懸之義。沾黏者，上肢之不丟不頂也。連隨者，下肢之貼隨應合也。由下而上，下肢能連隨應合彼力，上肢能沾黏連隨，不丟不頂，頭能頂懸虛靈，方為懂勁。故曰沾黏連隨，不丟不頂，局部之提示，沾黏連隨不丟頂，總體之提示也。

沉肩垂肘──鬆肩

沉肩垂肘者，徐震先賢以鬆肩沉肘稱之。勢曰：「鬆肩者，舒展肩胛帶，令肩下垂也。沉肘者，使肘關節常下沉也。」

師爺黑皮書裡，對於開關達節的描述，是將所有關節練到俱要開合自如，所謂九大關節俱要鬆開。九大關節為頸，肩，肘，腕，指，腰，胯，膝，踝。

祝大彤前輩也說：「肩鬆最難，要練到兩手之大臂與肩膀之間的關節鬆開，才能沉肩。」所以，當你試著把大臂由前向上提至頭頂，復往後盤頭，再往下驟然墜下時，肩是大臂的軸，是圓心，大臂是半徑，指梢是半徑的末端，是圓周的一點，以大臂為半徑劃圓，由指梢連成一個環。此環以意指導，以腰胯帶動，非主動移轉，以意念指導，可以 360 度向為球體，然後向外無限擴展，如火樹銀花般擴散。

推手時亦可隨對方力向成就無數交叉的環。亂環訣云：「亂環術法最難通，上下相合妙無窮，陷敵深入亂環內，四兩千斤著法成，手腳齊進橫豎找，掌中亂環落不空，欲知環中法何在，發落點對即成功。」因而肩肘完全不動，兩肩如斷臂娃娃，才叫肩鬆。如果提起大臂，肩也

跟著上聳，就代表肩未鬆下來。

雙方對練，對方握你的雙手時，試著在力點隨來力向中心內轉鬆沉，肘意向外，大臂不動，則對方將感覺不到你的力點。如果硬要將來力往外撥，就是頂。如果肘往身後縮就是懈，有頂意，有懈念就永遠鬆不了。故曰：「能把心放下，把手放掉，才能得鬆。」雖然隨勢鬆沉，初習者很難不被來力推出去。但祇要有恆，持續以捨己從人精神練習，總能得心應手。如果一心求勝，捨不得放下，再回頭已是百年身。

操作此動作的要點在兩大臂鬆開，肘向兩旁前開定住，肘尖不得收回至身體兩側之前肋骨。兩腕向內鬆開，隨胯下沉，隨腰迴盪，肘與腕形成翹翹板之槓桿原理。圓心在小臂之中點，此小臂之使力稱雙節棍法，其關鍵點在夾脊，因為兩大臂的交會點在夾脊。以夾脊為中心。肩向外側拉開，兩小臂向內合勁，肘微屈使腋下留有餘地而似能容顆雞蛋，切記。

推手互練時，檢驗鬆肩的最佳方法是讓對方緊箍我雙小臂，如果對方拉不住我雙手，且腳下打晃就證明我雙肩已鬆。如果對方能托起我雙手，而使我雙腳離地，身體打晃，則証明對方比我鬆。練習鬆肩垂肘的功法有玉女弄環，千斤落石，大鵬抖翅，丹鳳朝陽等。要領在兩肩平齊，切勿一高一低，肩能鬆沉，肘既鬆垂，肘節微曲，肘尖向地，以意念貫注肘尖處，驅使手臂伸縮自如。

以腰帶動時，輕靈動盪而不輕浮。腕為美人手。近腕節尺骨處要能沉，四指要舒展，當手掌前按當下，以掌根

微貫勁，則氣貫指梢。拇指含虛，小指領勁，勞宮穴微內凹，則餘三指之勁足矣❶。臂能鬆垂，鬆盪，則旋腕轉膀，內外纏繞，隨順就逆自如也。

　　沉肩垂肘為練太極拳重要訣竅之一，雙肩一旦鬆開，手臂自然靈活，肩鬆，手仍能沉墜，肘意自然下垂，肘尖對著地面，則含胸拔背自然功成，更直接影響到氣沉丹田，在修練鬆肩時，須特別注意此要領。如要檢驗肩膀是否鬆沈，可麻煩拳友托起你的雙手至與肩平，然後急速離手，檢視你的雙手是否如自由落地般往下墜落。從肩至肘至腕節節鬆脫，絲毫不留提的意念。肩部的鬆柔和旋轉，即能起到舒展肩部韌帶和肌肉，也能牽引背部兩側肌肉，更可使內勁由鬆柔趨於沉著，而顯輕靈圓活，又極沉重，形成掤勁不懈的作用，掤勁的質量愈高，則推手時更能在手或肘之沾黏處牽動對方。

　　師爺以「手臂關節，賴一鬆緊帶之維繫，得以轉捩如意，然其兩臂若不覺已斷，惡得知其鬆也」。兩臂已斷才知鬆的道理，臂以肩關節與軀體連結，肩關節鬆了，肘腕自然鬆。先師的鬆肩功法有千斤落石，西施梳頭。千斤落石之鬆肩法仍雙手向上舉起，超過頭部，手心向前，行氣舒指（雙手或單手均可）然後吐氣，由湧泉引動驟然下墜，想像手由肩由肘由腕似雲霄飛車般急速下墜之感。似站在比薩斜塔做自由落體般之快感，似真空中毫無空氣阻礙。而西施梳頭之鬆肘功法仍先將兩手置於胯前然後凸腕直肘向上提手，務使腕節平肩，直肘務使肘尖向地勿偏斜，然後肘尖不動，收小臂，讓兩掌繞過頭部，經耳後，

抵肩上，往前下落回胯前。重複往上舉復往前落，往上舉，往後繞過頭部，復往前落，往旁舉復往下落，或往前舉，單手做 360 度之繞圓，任君發揮。指梢處，則有舒展力，由此而形成一個以肩胛為圓心，中指梢繞圓所經過的弧線為圓周之環。

「意」想此環感覺愈開展愈飽滿則愈鬆愈沉。故我言：鍛鍊太極鬆功如滾雪球般，初者，小而不圓，隨坡滾動而下，愈滾愈大，愈滾愈圓，終至因重力加速度之故，其勁則莫之能禦。如能體會在手往上舉下墜之過程，均因形開氣合，以腰帶手動之原理，更能顯太極之功成矣。沉肩墜肘與含胸拔背配合，使兩肩鬆沉與微向前合，如抱嬰兒狀。並與鬆腰落胯配合，使肩與胯在一垂直線上，肘尖垂對地面，立掌如劈，始得立身中正。

【註】

❶ 手掌平均畫一井字，手掌分九宮格，依序為「腕節三格，勞宮三格，指三格，謂掌中九宮格」。各宮格的貫勁各異，虛實分明，操作得宜，忽上忽下，忽左忽右，變幻莫測，輕靈無比。黃師兄有九宮勁修練法，唯求貫勁輕靈。

含胸拔背——鬆胸鬆背

含胸拔背，練太極者，人人都能諰諰上口，但操作起來，則不是一件容易的事。含者，包含也，應作涵解。

楊澄甫的《太極拳十要》中云：「含胸拔背，涵胸者，胸略內涵使氣沉於丹田也，胸忌挺出，挺出則氣擁胸際，上重下輕，腳跟易於浮起，拔背者，能拔背則能力由脊發，所向無敵也。」徐震先賢曰：「含胸者，肩微前合，鎖骨胸骨下降也。」

精選太極拳辭典：「含胸」又作「涵胸」胸部兩肩以下，心窩以上，須保持自然正直的狀態，不可凸挺，又不宜凹塌要有：自然前合之意，而不可有刻意前合之實，此時胸部肌肉得到充分放鬆。

「拔背」指大椎骨下，第三椎間與第四椎間，此處肋背肌要有向前合之意，但不可有前合之實，背部肌肉鬆開使脊椎有上領之意，從而保持身體中軸的安定和暢。含胸與拔背是完整一體的要領，互為關聯。楊澄甫祖師指出，能含胸則自能拔背，就是說明這種應承關係。在實際操作上有些人會做出胸部凹塌而拱背的動作這是不宜的。

在談拳論鬆篇，我特別強調，以橡皮筋之伸縮喻之。胸含太過，背就無法鬆，形成駝背。故在操作含胸拔背

時，須特別注意胸與背的對應與平衡關係。要含胸，須以沉肩做基礎，即鎖骨微下沉，胸膛垂直往上拉，胸腔微內含，不凹不凸。心情放鬆，呼吸和順，背肌微前合，兩臂微前挪，兩肩胛骨向外側擴並微前合，兩腋下似能含住一顆雞蛋，不使掉落。此曰：「腋下留有餘地也」，亦不使勁夾臂，致雞蛋破裂。

吸氣時，脊柱在胸肌的帶動下，有如沖天炮往上節節上升。呼氣時，脊柱似樓塌，如地層下陷往下塌沉。以脊椎為中心線，夾脊向兩側均稱對拉散開。兩肩放下，兩肘微曲，意念向前向內含住，掌背向前，斜向內，胸肌自然內涵，小腹微收，脊柱自然挺直。

以意想胸腔氣海一片寧靜，柔和。胸肌、背肌、肋間肌自然應物放鬆矣。

「含」字容易使學者走入太極拳誤區，須特別注意。以身形論，含胸拔背，讓上體能立身中正安舒。從字義理解，很容易練成前凹後凸，而練出龜背，這有違太極拳立身中正之原則。

其實含胸隱含化勁與接勁，而拔背乃垂直向上挺拔之意。隱含發勁之意。肩垂直往下放，感覺胸與背之肌肉都鬆了，切勿前凹而讓後背肌緊繃，亦不可挺胸致後脊肌鬆弛而致夾脊內收。在肩放下的同時，頭往上頂，似頂非頂，將拔背與頂頭懸聯貫在一起，肩與頭形成等邊三角形的對拔拉長之勢。

在單手按時，掌往前使，肩往後收，收臀往下坐，四面八方，對拔拉長。雙手按時，不僅雙肩胛骨往後收，連

腰胯都須往下坐實，形成上肢與腰胯的對拔拉長。且這種功法須貫串整套拳架，始於起勢，終於合太極。都須時刻保持含胸拔背，才有掤勁，才能以氣運身，氣沉丹田，毫無斷續，毫不鬆懈。

肺者，氣之海也。胸背間包覆著肺。乃一不隨意肌，人體之呼吸器官，呼吸急促，影響胸背肌之放鬆。胸背能放鬆，氣海一片寧靜，開合有緻，關健在胸背，故胸背乃心平氣和之樞也。

運用腹式自然呼吸，以膈肌的上下活動來完成氣沉丹田。胸腔隔肌上下徑放長，則可增加橫膜下降開合的機會，促進橫隔的張與縮。當腹腔與胸腔受到時緊時鬆的腹壓作用，對輸送血液和促進肝功能起到良性的作用。而胸部上緣止於兩肩，與頸部相接，上承頭部。頭能頂懸，眼平視，肩放平，則胸自然放鬆。如眼神往下，則低頭凸背，背肌緊繃。眼神往上，則突胸塌肩，背脊鬆弛，胸肌緊繃。一眼高一眼低，或轉頭斜眼，造成頸肌扭曲，挺胸則氣滿胸塞，氣無法沉於丹田，上重下輕。

諸如此類，均不符含胸拔背規格，間接影響自然鬆沉。另下額微後收，可讓頸脊挺直，有助於鬆胸。如下額上翹或後縮太強，也會影響胸背放鬆，須特別注意。

含胸與人的情緒亦有莫大的關係。亦為人格之修養。譬如把心胸放寬，要有胸襟，要寬大為懷，喻做人處事凡事看開點，不要鑽牛角尖，不要太計較，所謂心靜自然涼。如能保持超凡脫俗的思維，以副交感神經主導一切，把胸部放輕鬆，含胸的效果將倍增。無形中也會涵養好個

性，好心情，增進身心的健康。太極拳的含胸拔背，可從外在的修練，進而達到內心的修養，人的情緒會影響身心的健康，由此可鑑。

含胸是一種固定的身心修養，不管行住坐臥，都要注意。佛祖釋迦牟尼的坐像，兩手置於腹前趺坐，道家養生靜坐，雙手負陰抱陽，置於胯前丹田處，均有含胸之意處。走路保持雙手前七後三之擺盪，也有助於含胸，自然不容易喘氣。

武家最注重側睡，所謂「臥似一張弓」。鄭師爺的「臥似彎弓向右側」，右掌置於右耳下，右腿放直，左腿彎曲置於右腿上，左手自然伸直平放在左腿上，不僅符合交叉神經，陰陽相濟原理，胸部微含亦得放鬆。仰睡時，頭下墊以枕頭，離床面約五公分，雙手疊放在臍下丹田處，也是含胸。音樂家彈奏樂器，如能秉持含胸之修養，將增進運動與演奏功效。含胸拔背也要有氣勢，才能發揮技擊的效果。

兩個小孩正在玩耍，突然因小事發生磨擦，雙方緊握拳頭在身前，互相對侍，這種山雨欲來，劍拔弩張，就是拔背的氣勢。當你開車在高速公路上，突然前面發生狀況，迫使你馬上踩剎車，雙手緊握方向盤，這就是拔背的感覺。惟太極拳的拔背要加上意念，拔背在有意與無意之間。

林清智老師說：「含胸拔背須能將全身重心守於中線，凝聚中線，曰守中。」所謂神守於中線，形就不致偏斜，這有如在泥地上豎立一根竹桿，在竹桿頂端繫一條麻

線，約竹桿的 1/2 長，並在麻線的下端綁上重物，並垂懸
於地面，如果麻線和重物能緊貼竹桿呈平形狀，則竹桿必
為垂直中正，永不偏斜。然一旦竹桿歪斜，必致麻線與重
物偏離竹桿，竹桿必呈單臂懸吊狀，頂端承受重物的力量
必然加大，甚至被重物壓垮而癱在泥地上，固含胸拔背的
目地亦在於守住天地一線，守中也。

　　含胸拔背與虛靈頂頸，沉肩垂肘，鬆腰落胯的關聯性
特別重要。四者互為守中的因果關係。頭頂百會穴輕輕上
提，似有一條線從頭頂上方繫住頭頂，使頭往下垂懸，百
會穴與會陰穴保持在一條垂線上，此線恰與脊柱呈平行，
胸肌、背肌與兩肋肌，四平八穩，兩肩與兩胯各呈一垂直
線，兩肩鬆沉並微向前合，似抱初生嬰兒狀，兩肩背處似
有一條橫線貫串，互為呼應，想像要抱一顆大於兩手合抱
的大樹，而要盡可能去抱滿，讓兩中指能相互接觸，那種
肩胛肌互相對拉的感覺，將使你更能了解舒展中有團聚之
意。胯須摺疊，上半身與下肢始能分離又貫串，關鍵在鬆
腰，鬆腰促使兩胯能平穩下落，上半身自然正直，眼平、
肩平、胯平、三平能守住，才能有牽動往來氣貼背的氣
勢，才能發揮含胸在技擊上的效果。

鬆腰落胯——鬆腰平胯

　　胯是人體下肢三大關節之根，是連接腰腿的重要樞紐，是產生爆發力的泉源，是全身重量的承載者，是推手得機得勢的武器，推手是否能得機得勢，關鍵在胯。拳論云「有不得機得勢處，身便散亂，其病必於腰腿求之」。腰腿間是胯，胯上承腰部，下接腿部，欲得機得勢，胯扮演重要地位，胯一旦失去功能，全身必癱軟。

　　台灣有一知名歌星，就因為開刀手術，不慎動到腰胯的神精叢而致行動癱瘓，不能行走。可見腰胯對身體行動的重要性。

　　凡練太極拳者，都知道要鬆腰落胯，要圓襠，此乃對胯的要求。若要圓襠，胯得先鬆開，胯鬆開了，就能落胯，才能坐穩胯根，此曰坐胯又曰坐身。讓襠撐圓，將全身重量能下降到湧泉。胯者，股骨上端大腿的折疊凹陷處，位於腰與大腿間。胯關節由髖關節，骶骨關節，脊柱和臀部周邊肌群，恥骨盆腔組成。胯要落必須先能鬆鼠蹊及背部淺層肌，後腰筋膜及臀部各肌群。且需腹部的核心肌群配合放鬆。再由胯帶動全身直到手指，下往湧泉，上往百會放鬆，且腹股溝與會陰穴，臀肌群和胯關節也要一起放鬆。故胯不鬆，就難以落胯，兩人較技，搭手便勢

背。兩胯能平齊，運使單胯時才能鬆開鬆沉旋轉。

鄭師爺在功架三十七式之分釋與圖解篇之攬雀尾左掤云：「左右兩胯須求平正。」在單鞭式要求「右腰胯向左轉至與左腰胯齊平。」均是要求行拳走架要平胯鬆胯。兩胯能齊平，兩眼平視，相對應肩則平矣。此曰三平❶。坐胯、平胯乃立身中正之基本要件，落胯是重心穩實的必要條件。

有云：「鬆胯是首要，鬆肩最難。」鬆胯是太極拳之靈魂，一般人的上身重量均由胯承載，以胯與膝來吸收上半身的重量。如果無法將胯與膝所承載的重量轉移到腳底湧泉，就必須由腰胯承載全身重量，容易造成腰酸背痛，腰椎、膝關節損傷。

行拳走架，注意平胯，對於胯之放鬆與落胯起到領導的作用。要修練到胯能鬆落，將腰胯與膝關節所承載的重量透過湧泉穴，放入大地，才能落地生根。

人體的結構，大腿骨的股骨頂端，突出的部份曰髖臼穴，俗稱胯根❷。兩側胯根須內收，並收小腹，骨盆須後傾，膝微曲微張。讓軀體的骨架支撐改變，原本因不良習慣所養成的靜止肌群，重新負擔起支撐身體重心的使命，襠開一線。此動作在外形上難以看到，係以意念在支配運動，兩膝微曲，尾閭前收，兩膝微張，胯則鬆落，操作正確後腰背肌筋會產生酸痛感，此曰換勁。

鬆胯動作完成後，舊的酸痛會隨著運動方式的改變而漸漸緩和。此時對方輕扶你的小臂聽勁，有撲空扶空之感。如用力往下推，似推動水面浮球般，有落空之感。用

手觸摸胯根外肌，感覺是軟綿綿的，就對了。鬆胯要與屈膝（膝微屈微張）擴踝（踝有向四面入筍之感）鬆腳（有如踩在一顆水球，然後用力向下踩，水向四面暈開之感）整體貫串在一起，鬆才能產生應有的效果。在推手時，忌閃腰挪臀，直胯凸腹動膝。隨意扭動胯根，或使兩胯一高一低，左右上下旋轉似靈活。

如此操作，並不表示雙胯已鬆或已落。胯不平鬆，扭動也是僵滯，容易受人控制。練習鬆胯，千萬記住，胯根內收，胯始能鬆定。拳論云：「往復須有摺疊。」六合法❹乃是練鬆胯，不讓左右歪斜，落胯之圭臬。所謂腰轉胯不轉，推手時，定住胯根，圓襠，腰桿挺直，胯自然平鬆，重心腳往下鬆沉，尾閭平正，脊柱向上湧，轉腰自然靈活，則立身便能中正。

所謂尾閭中正神貫頂，尾閭位於兩臀正中點，脊椎的最下方，尾閭底端之意念，垂向地下而能得中正，脊椎亦得以挺直。精神往上貫串，臀部自然均衡前收，會陰部自然上提。此謂溜臀也❸。然溜臀太超過，胯必挺凸僵硬，全身後仰，難以達到往復摺疊的效果。胯根內收不足形成翹臀，也違背太極拳落胯理論。

操作時能守三平，不管是定式或動式，平胯是固定的，是隨時隨地必須保持的姿勢，臀部下坐有坐意，即師爺之屈膝坐實。推手時定住胯根，避免移胯挪臀與扭腰擺臀，腰胯自然放鬆，則發化自如。故挪臀擺尾必定搖頭，學者慎思也。

初期訓練鬆腰落胯以開胯圓襠功❹最有效果。檢視尾

閭中正最簡易的功法，讓習練者能切實了解何謂坐胯，尾閭中正。可選擇一前緣平整的坐椅，兩腳站立在坐椅前緣並讓小腿肌輕貼椅緣。當上半身筆直下坐時，如果小腿肌不離開椅緣，勢必須以臀部就椅面，且坐滿整個椅面而致脊柱傾斜形成翹臀，相對地上半身就不得中正也。

故以上述功法，當臀部下坐時，小腿肌自然離開椅緣，讓臀部下坐且僅坐在坐椅前端 1/3 處，脊柱自然垂直地面，則尾閭始得中正。

先師之秘練運功圖三法❺，不僅能修練落胯斂臀，長根，增加骨質質量達到氣斂入骨的效果。記得與先師練習推手或師兄弟相互磨練推手時，先師經常用手在我們的胯上一戮，然後掉頭去指導其他師兄，初始，真是有點丈二金剛莫名所以，漸漸地才覺悟老師要我們鬆胯。訓練鬆胯後，就能容易的操作溜臀。

溜臀的情境，比如當一部車停在斜坡上，往下滑動，吾人雙腳撐地，以身擋車，此種身形之反應，即為溜臀。全身貼住下滑車輛下方，意念往上頂，收腹，鬆腰，挺脊，斂臀，一氣呵成。想像並體會此情境。萬一有機會在郊外山坡上看到，停下腳步觀察，必有心得。

木雕大師朱銘有件作品稱「合力」，前面老牛拉車，後方數人頂在牛車下方，合力往上頂，就是此種情境。「萬物靜觀皆自得」。圓襠、落胯、溜臀、定胯根是正。翹臀，斂臀太過是誤。大自然的山川鳥獸，人事景物，偶拾一得也。

三十七式宗師鄭師爺在其座右銘：「要撐，要撐，豎

脊樑。」兩腳要撐，脊椎豎直，腰桿自然挺直。同時，收腹屈膝是練落胯鬆腰的基本功法，先賢對腰的鍛鍊向來重視，動靜開合，均為腰在操作。拳經云：「腰為纛，腰為軸，主宰於腰」，「活似車軸」，「命意源頭在腰隙」，「刻刻留心在腰間」。均強調腰在太極拳的重要性。

腰部居於人體的中軸地位，是人體的中樞。承上啟下，為上身與下肢連繫的樞紐。太極拳對腰之訓練，強調本乎自然，順先天自然之力，不刻意去扭動腰部。故在練習蹲坐等勢❻，宜使腰不前不後。隨臀而下，左右不倚，上身斯無前俯後仰，左歪右斜之弊。鬆腰後，周身才能鬆下來。

襠要開，要圓撐❼，也是練習落胯的重要身法之一，因為胯關節能鬆開，襠就能撐圓接地，胯自然鬆落。如果胯不開，襠為人字夾襠，此勢既不能承受體重的重壓，又無法使身體重心下降，上下肢必然呆滯，腰軸旋轉亦不輕靈。要使腰胯旋轉一致，必須做到落胯，脊柱骨節相對鬆活，胯關節鬆活圓轉，肋骨下之腹肌群放鬆，全身重量直接落於湧泉。

此時尾閭似有一鐘錘，向左偏時，左胯落，右胯盪起，繼而右胯落時，尾閭之鐘錘，已然盪至右胯。此現象有如 101 大樓阻尼器之原理般，不管頂部風力多大，底部地震多強，都能穩定全身。穩住重心。

雙人對練推手時，有所謂「藏中」即將自己中央部位的腰藏起來，或移開對方進攻腰部的勁頭。簡易言之，為沒有軀幹，肩以下，胯以上，胸腹部位鬆空。上半身有如

一張人體撲克牌，兩肩頭為上端兩角，兩胯為下端兩角。一動全動，讓對方感覺沒有軀幹，胸與腰間就像提著的燈籠。有似空隧道般，對方要摸也摸不著東西，此謂外三合❽。如何將腰身練空呢？首要不想腰。不要腰，在遇有上下左右轉身的動作時，以鬆胯，鬆踝解之，得其妙者，上肢有如宇宙黑洞般似能吸人。

　　落胯非外家拳馬步之腿部蹲低，因為腿部蹲低，膝打彎，必傷膝蓋，太極拳所不為。故操作落胯，膝微曲微張，收尾閭，感覺臀部下沉，尾閭穴開，骶骨向地，須將骨盆下沉，尾閭內歛，兩髖骨前含，似替嬰兒包尿布般。從外型觀之，膝微曲微張，襠能圓則腰靈。胯根內收，前腹內縮，後腰拉直，致前腹與後腰的肌群放鬆，骨盆下落，感覺臀部有下坐之意。尾椎骨挺直，腰腹鬆活，內則氣沉丹田。外則落胯整勁，此以撞牆功法收效宏著❾。以腰胯自然帶動上體，往復摺疊，由腕而肘而肩，膝、踝、湧泉節節貫串，讓外型與內氣適得其所，各復其命，而達外三合，內三合之境界。

　　鬆腰落胯的功法為，五禽戲之預備式，玉女弄環，六合法❿，狐仙拜月，喜鵲登枝等式。吸氣鬆腰，豎脊樑，展玉枕，頂頭懸。吸時氣自然擴展，呼時全身自然鬆沉。如此交替為練，讓全身上下，內外均出現由腳而腿而腰，總須完整一氣的感覺。

　　鬆腰與落胯本是兩件事，不可混為一談，鬆腰者腹平背直也，落胯者胯能深度摺疊並使胯根內扣也。但兩者卻又不可分離，原因在於腰桿不能挺直，圍繞腰椎周圍之腹

肌與背肌就無法放鬆，相對地造成兩胯根不平，一高一低則立身無法中正，故須腹平背直，垂脊正直，立身才能中正安舒。鬆胯、平胯、落胯、圓襠為鬆腰創造了有利條件，鬆腰也對落胯，圓襠起了領導作用。

聽說太極名家金承珍跟楊澄甫祖師學拳，由楊守中指導拳架。有一天，楊守中發現他有翹臀現象，就以右手壓住其臀部，左手壓住其腹部，並曰：「你的腹部不收，臀部不斂，此身形運用在技擊會非常不利。」並叫他稍坐低一點，尻道上提，作忍屎狀，此身法就是鬆腰。

故練一套太極拳，是以腰為主，一切動作要靠腰帶動，所謂腰帶，腰拉，腰轉，腰腳手一體。大海中的哺乳類脊推動物，如海豚，海獅，海象，四肢已退化，但它們靠著腰身的扭動游行於大海，也能離開水面靠臀部在陸地行走，可為動物不動手動腰做一例證。故不論如何轉，轉多大，或轉得小，轉上或轉下，轉左轉右，都不能單掄胳臂，要注意用腰領動，做到祇有腰的動作，沒有身軀或手的動作，如此才能練好太極拳。

手配合腰的動作，所謂太極拳不動手，如攬雀尾左掤的動作，身先下坐（鬆沉）重心移到左腳，手不可上下動，而是隨前腳踏實合抱右肋右胯間，左腳跟離地，右腳鬆沉後，左腳尖離地，向前踏出，左腳跟點地再踏實，然後腰帶著手和左腳一齊向左轉動，這是腰，腳，手同步轉，右虛腳尖只是起微上翹的作用，不起轉的作用，左轉腰時，不應該轉動右虛腳的腳尖，也不可硬轉虛腳之膝蓋，否則便是硬擰，時間長了會損傷膝關節，如果無法做

到腰帶手腳轉，則兩腳虛實就很難分清。

推手時，講求得機得勢，故拳論云：「不得機得勢，腰腿求之。」腰腿間是胯。腳立地才有接地之力，腳把地面的反作用力通過膝蓋送到胯上，鬆胯才能產生爆發力，瞬間將力量經胯送到腰，而達上肢。

林清智老師有一功法是在鬆胯的基礎下以歛臀盪胯為用，以臀部的一側胯關節為圓心，以骨盆為半徑旋轉，弧線提胯和弧線落胯之路徑，左右旋盪，從大腿根頂放鬆，修練髖關節之靈活與柔韌，以達開活兩胯。化勁時，胯根內扣，牽動對方來力。兩胯虛實轉換時，內動外不動，發化勁無秒差。

太極拳十要曰「鬆腰，腰為一身之主帥，能鬆腰，然後兩足有力，下盤穩固，虛實變化，皆由腰轉動」。故曰：「命意源頭在腰際」，「有不得力必於腰腿求之也」。腰轉動如軸，不頂不抗則發拿打化，得心應手矣。行拳走架，任何一式，虛實轉換都在腰際，想腰胯就好了。不要著「意」在手上，不要想手要如何擺，如何轉手，放輕鬆就好了。腰帶手自然動，腰轉了，手自然轉，腰鬆了，兩膝有外張之意，胯也就落了，鬆了。

順便談談太極拳對腰部健康的重要性，對於有腰部疾病的人，祇要日常生活的活動中稍有閃失都會造成腰部受傷而增添生活上的諸多不便。由此可見腰部對人體的行動是非常重要的部位。如久坐辦公室的白領階層之腰椎病痛以間盤突出，骨質增生為主。勞動的工人以腰肌勞損，腰肌僵化強直為主，其得病原因是腹背肌肉相對軟弱，無法

完好地約束脊椎的工作，客觀誘因為長時間把身體置於工作狀態而非正常生理狀態，受力部位因過勞積累而終至無法恢復正常生理狀態。其因長時間體位和體型特徵，造成腰椎後移，脊椎生理彎曲消失而造成腰椎病變，正是這個當凹不凹的部位。

腰肌疲勞的主要原因是受力過度與血液循環值量不良，神經傳導遲鈍，腰部椎間盤突出的病因主要是突然的脊椎負荷改變，搬重物時快速彎曲側屈或旋轉。好發群為鬆弛肌無力，長期臥床休息必將加劇肌肉無力症狀和引發肌肉萎縮。

故增加腰肌的力量是其治本之道，其方法為保持腹平背直的狀態。如此可改善腰肌乏力，肌體疲勞和生理彎曲病變等病。為了維護生理彎曲，坐姿時應盡量坐直身體不要駝背，減少長時間彎腰工作或以胯根摺疊取代彎腰，走路時應盡量挺胸收腹拔背，睡覺時盡量使用硬鋪板而不要睡沙發或軟床，儘可能不要半躺在沙發上，而對於已經有此僵硬、疼痛彎曲變形的腰部以墊腰法矯治之，使用墊腰法是背朝下躺在木板床上，將腰墊（直徑 3 公分長 24 公分之圓狀物）秤在脊背和床墊之間，放鬆休息 40 分，而向右側睡時，將腰墊置於腰窩下，如此一睡醒來，將會感到柔軟輕鬆、靈活。

練拳時把小腹收住，此主要功用在增加腰肌功能以達到自我修復。無論行處坐臥保持腹平背直的狀態，持之以恆，你的腰部就會從形態到機能都恢復正常。而太極拳所強調的鬆腰落胯，不僅能達到武學重心下移，腹平背直的

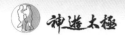

效果，更能避免上述腰椎病痛的發生。

【註】

❶三平者：眼平視，肩平放，胯平齊也。眼平視者，眼神不仰不俯，保持眼斂合順，臉部肌肉自然放鬆。頭容正直，轉動自然平正。眼神擴及遠處。意念向遙遠無限伸延，所謂扒牆觀遠也。肩平放者，兩肩要平齊，有如天平兩邊放兩顆等重法碼，兩肩關節自然鬆開下沉。胯平者，兩胯根要平齊，不低不高，能均勻轉動，上與兩肩節相對，動向一致，丹田自然正位。云主人翁在家否？

❷胯根者，髖關節也。為腿部最上端關節，由髖骨與股骨組成，左右兩胯根是人體的兩個輪軸，必須一實一虛，重心在右腳時，以右胯根為軸，反之亦然。膝關節也，由股骨下端，脛骨上端和膝骨組成。踝關節也，由脛骨，腓骨下端，與距骨滑輪組成。

❸溜臀，有如替嬰兒裹尿布般，將左右兩側由後往前合，再由後往下，經會陰向前合，使尾閭向下，會陰垂正。

❹開胯圓襠功，腰部須承上按下，要能豎直，不軟不塌，不搖晃，骶骨沉著使全身重心下降穩定，則胯能入筍，腰能輕靈轉動，則全身俱動也。

❺運功圖，分三階功法，每一功法單練百日，為小乘，三階功法一循環為大乘，須循序漸進，循環不已鍛鍊。

❻精簡五禽戲，預備式之蹲坐。

❼陳式太極拳解:「尻骨,環跳蹶起來,囊邊腿根撐開,襠自開,兩膝合住,襠自圓」,「圓襠促使氣從襠中過來,日久之後,氣功中的通三關,可不去求通而自通」。

❽外三合,肩與胯合,即肩與胯要成一垂直線,肘與膝合,金雞獨立式最能顯現,肘尖與膝尖相合之狀態。手與腳合,發勁時,手的垂線超出腳尖,就是力出尖,出手未與腳合很容易被對方引進。

❾撞牆功的基本動作,吸氣,收小腹,引導脊椎骨盆,上下拉直,即小腹縮時,尾閭前收,脊柱是垂直地面狀態。此時,腹腔周圍肌群全都放鬆,內在深層肌群推動骨架,含髖關骨,骶骨、恥骨等。帶動外在淺肌群完成骨盆後傾的站姿。當此身形完成時,吐氣時全身隨意念放鬆,後背撞上牆壁,可清楚看到腰椎前凸的部份,兩肩膀緊貼牆面,下背部平貼牆面,恥骨往前,骶骨往下。

❿六合式,兩腿平行站立與肩寬,全身放鬆,落胯,胯根內收,而鬆沉,膝微曲張,眼平視,意念在胯根。

1. 吸氣,百會意念往上,肩下放,意注兩胯根,緩緩吐氣前俯,兩膝打直,兩手隨之下垂至手心貼地,眼視地面,然後吸氣,上身緩緩向上至百會朝天,吐氣全身放鬆,手心朝前,不可聳肩,立身中正,全身緩緩鬆沉,下肢龍形三折。

2. 吸氣,虛靈頂勁,意念往上,重心移左腳,向右轉,意注右胯。吐氣,向右俯身,重心轉左腳,

兩膝打直，兩腳平實踏地，手心向地，以胯帶腰
向左迴正，手不動，意注胯內側。吸氣，上身緩
緩向上至百會朝天。吐氣，全身放鬆，手心朝
前，不可聳肩，立身中正，全身緩緩鬆沉，下肢
龍形三折。

3. 吸氣，重心移右腳，向左轉，意注左胯。吐氣，
向左俯身，重心轉右腳，兩膝打直，兩腳平實踏
地，手心向地，以胯帶腰向右迴正，手不動，意
注胯內側。吸氣，上身緩緩向上至百會朝天，吐
氣，全身放鬆，手心朝前，立身中正全身緩緩鬆
沉，下肢龍形三折。

4. 吐氣彎腰前俯，需呈倒 L 型，再吸氣緩緩由腰帶上
體挺直至百會往上，翻掌手心向前，不可聳肩，
上體垂直下降，下肢三折，往下鬆沉。

湧泉鬆、全身鬆

一、何謂踵息

　　莊子所謂：「至人之息以踵，眾人之息以喉。」凡人呼吸直下，至中脘而回。至人呼吸直貫明堂而上，至夾脊而入命門，呼吸深長，綿綿若存，神氣相依，乃息相也。息調則心定，真氣往來自能奪天地之造化，息息歸根。太極大師楊禹廷傳功曰「用腳呼吸，氣卸到足底，勁起於腳」，感覺以腳行拳就對了。如果尚停留在手上，是無法將太極拳的功架練好的。故修練太極拳欲鬆全身九大關節，必從放鬆湧泉始❶，且須從呼吸自然著手，並以靜、長、慢、勻呼吸法，從心開始修練。

　　所謂長者，呼吸深長也，上可至頂，下可至踵，故變動其根在腳，古人稱踵息也。拳經云：「由腳而腿而腰，行於手指，總需完整一氣。」說明太極拳功夫在腳下。老子道德經云：「九層之台起於累土，千里之行始於足下。」吳圖南先賢論足曰：「足動，則全身俱動，足停，則全身停。」又云：「腳的放鬆，腳平鬆落地，不可踩地，與大地融為一體，周身不要掛力。」徐震先賢曰：

「騰挪者，足下分明虛實也❷。」行拳走架，實腳五趾鬆開，平舒貼地。虛腳不主動，妄動，分清虛實，實腳掌心舒展，使意氣與地力相接，入地三分。上承鬆腰落胯，垂脊正身，虛靈頂勁，全身由下而上呈對拔拉長之勢。這有如一顆大樹般，欲樹幹挺拔，枝繁葉茂，必須樹根強壯，往地下栽植❸。

二、腳要虛實分清

足為步型，步法的根基，根基不穩，步法必亂，故築基之功不可廢。先師嘗言：「要練拳架，先把下盤根基練好。」故足部動作練正確，靈活，穩當，使步型，步法，有規矩，合規格，可以支持和調節全身重心的穩定，不致引起身法歪斜與呼吸的和順。所謂「進步占勢，退步避鋒」。武術常云：「先看一步走，再看一伸手。」步法之基，始於樁步，樁步乃行拳之根，定時須沉氣穩實而不飄忽，動時要輕靈而不滯重。虛實分清，單腳立地如置球於地，如不倒翁，重心永遠在實腳湧泉。發勁時須守住天地一線，依機勢變換兩足虛實比例。

行拳時足部是鬆沉轉，虛實腳轉換是鬆換發，手部才能化拿打。即須先坐實一腳，屈膝鬆胯開襠，穩定重心，腰隙先往下鬆沉落實，右胯根內收落實，然後左腳才能被動地緩緩邁出。且必須做到實腳實中有虛，虛腳虛中帶實，內則虛實分明，然外表不見其虛實，步隨身換，使重心不出界，力不出尖。維持立身中正安舒之原則，務使重

心沉穩而不起伏。

公園裡的蒼冠麻鷺，以蚯蚓為食，每天清晨，到草地上覓食，靜靜地佇在草地上，以腳底感知蚯蚓的動靜。其向前換步，身體不動，實腳輕輕落地，虛腳隨勢而離虛，抬起虛腳，然後緩緩向前邁進，輕靈踏地，深恐驚動地裏蚯蚓。當其嘴尖啄到蚯蚓後，尾部向後往下，將蚯蚓拉緊，稍一放鬆再立即拉出蚯蚓食用。動物的求生本能，每當我靜觀其覓食動作，都會興起莞爾一笑。並告訴我的學生，學習蒼冠麻鷺覓食時動作之移形換位，要想如何學好栽根鳥伸步，應該不難矣。

三、欲鬆全身、先鬆根

湧泉鬆、全身鬆。要鬆湧泉，從足底始，足敷貼地乃拳勢之根，是承受軀體重量的基盤，保持中正與變換虛實的關鍵。腳之足底筋膜有緩衝作用，乃天然避震器，足趾呈扇狀放射狀分佈，目的是讓全身重量均勻分佈在腳底，以減緩在蹲跳運動時所產生的重力加速度。故足趾鬆開，湧泉放鬆，使腳底面積加寬加大，可降低腳底單位面積所承受的壓力波，重心就愈穩。

四、實腳鬆沉、虛腳提

足之為用，以自然轉換輕靈為宜，實腳鬆沉虛腳提。真正的腳下功夫是實腳單足立地，虛腳一點力都沒有，有

上浮之感，但虛腳湧泉意念仍留在地裡。且如漫步在草坪或踩在水中的浮萍上。更如太空人月球漫步般，此即為「離虛」❹。

所謂「足面貼地湧泉提」者，既在行拳走架時當虛腳轉換為實腳時，實腳如直地向地下栽植。湧泉有一股氣，往上竄起是意提，非腳離地提起也。此氣經由交叉神經到不同側之指梢上，是為勁❺。故在盤拳之一動一靜，一虛一實間，都能由足底養出勁來。「提者，非五趾抓地湧泉懸空也」，須特別注意。

五、前腳踏實、後腳坐實

步法之虛實轉換，鄭師爺在自修新法，以坐實與踏實來形容。踏實者，弓步前腳七分實，如直向地下栽植也。屈膝坐實者，臀外緣不得超過後實腳跟也。自修新法拳架篇裡，式式可見坐實與踏實之提示。

「坐實」仍能沉轉，俗云：「入筍也」。陳小旺謂「雙重，仍未入筍」，後坐時，全身重量百分之百落在後實腳，仍能支撐八面。正所謂「立如平準，活似車輪」。

李經梧先賢由牛推磨悟得「太極圈訣」。但如當時磨未入筍，牛一牽動，磨如何能轉。故坐實仍太極拳足法之基本功，而前實腳踏實的基本要件是前膝不得超過中趾跟節，小腿幾與地面呈垂直。且前後腳之膝蓋均須正對準中趾跟節。一旦前膝不符此規矩，或後腳形成扭麻花腿，日積月累對膝蓋均將造成大傷害，慎之。

六、鬆湧泉的原理

拳經云「邁步如貓行」，貓科動物的腳掌單位面積可承受緩衝壓力是人類腳掌的 3.5 倍以上，故貓科動物可輕鬆地由高處一躍而下。腳的緩衝結構由足蹠骨構成，其作用有如汽車輪上的緩衝鋼板。記得小時候，農家的鐵牛車，因無緩衝鋼板，坐在車上，身體有如在跳恰恰，屁股都被震得發麻。

太極拳的鬆腳原理目的在鍛鍊足底筋膜，在不斷拉伸中使其具有彈性。能如貓科動物之四趾完全鬆開[6]，則全身俱能鬆矣。

七、鬆湧泉的功法

鬆腳的功法有鳥伸，行步功，熊經，狐仙拜月等。操作方法，是拉開下肢關節，意念轉移到大腳趾後大墩隱臼穴。再想太衝穴，腳大趾關節即鬆開。再想腳踝關節之解谿穴，屈膝關節似屈非屈，似張非張。意想委中穴。摺胯關節意想環跳穴和腹股溝正中點（氣衝與衛門之間）之脊椎末骨節。

意念轉移到尾骶骨，從尾椎裏側由下往上逐節，由腰椎、胸椎、頸椎節節鬆開，節節貫串，鬆到天靈蓋，意想百會穴。再由百會穴循任脈由上而下，逐節鬆沉，到足蹠骨，這有如拿著盆熱水由頭上往下淋般之爽快感。腳底重

心自然轉換時，實腳鬆到底，入地三分。虛腳全放虛，自然上步或退步。腳下重心由尾閭順勢自然鬆沉迴盪，而身軀如水銀柱般垂直地往下鬆沉，再向上鬆開。

　　常云：「欲蓋高樓，必先把地基夯實。」先師嘗言「初學者打穩基礎為首務，任何動作，皆須向下紮根，並通任督二脈為主要目的」，「如在練功架，首求精簡正確，才能從地下長起。所謂百尺高樓從地起，乃能延年益壽，且能防身制敵，體用兼備。」紮根築基先由足開始。有詩云：「手若槳兒足跗鬆，赤龍搗水天地動，丹田心注空一點，接地吞天氣勢雄，放下心神皆莫念，眉開寬色意從容，熊搖駝步走沙漠，身應足呼心五通。」

八、弓步掤式的步法

　　以左弓步掤為例，左足跟提起，向左前正面踏上一步，足跟點地，足尖翹起，漸漸踏實。右腳，左手同時隨腰跨提起，由下而上掤起與胸平高，手心向內對膻中，肘尖略垂，右腿膝微曲，尾閭內收。右手同時隨腰降至右胯側，坐腕微弓，手背向前，指尖向前。腋下有如抱卵狀（即能含住一顆蛋，夾太緊則恐蛋殼破裂，夾太鬆又怕整顆蛋滑落），以稱左足實之勢，此為交叉神經之故耳。

　　此勢須特別注意兩膝須同時對兩中趾尖，收腹鬆跨，以免勢塌也。

九、弓步定式的步法

鄭師爺對弓步按的描述重點,在雙手按出定勢時,左右兩胯須求平正。如前述前膝不可超過足尖,前小腿要求踏實與地面是垂直,所謂如直向地下栽植。重心的分配是前腳七分實,後腳三分活力,向前推進。既後腳須微屈,膝的意念向後,不可被胯往前帶。

在述口訣八,「曰撥不倒,周身輕靈,其根在腳,非具有鬆沉兩種功夫不易辦到。按不倒翁之重心,在乎下部一點,拳論所謂偏沉則隨,雙重則滯,如兩腳同時用力,一撥便倒無疑。周身稍有板滯,一發便倒無疑。要全身之勁百分之百沉於一隻足心,其餘全身皆鬆淨」。

在李雅軒對弓步定式的要求為小腿與地面垂直,即膝蓋不超過湧泉。對於這一重點。李雅軒先賢的解釋是按的弓步定式,如果膝與足尖相齊,即膝蓋骨與中趾尖成一垂直線,將導致重心下沉不夠踏實,也不夠中正。雙方對峙,如發勁的瞬間,重心容易前傾,造成勁往前跑,未落在底樁根上,就可能被動失勢,甚至被對方牽採而前跌❼。故以鬆沉發勁,臀部下坐,前庭後收,著意前推,可完全避免向前失勢的可能。

先師發勁,最擅長者為短勁,寸勁,由腰帶動,小臂繞纏,整體身形的旋腰,有如時鐘的齒輪,一動全動,微秒不差,如彈丸彈出發勁。此種瞬間之圓勁,真有如錢塘大潮,颶風壓境,龍捲風掠過般,可謂沛然莫之能禦。所

謂骨轉一寸勝過筋轉一尺，曾被先師發過勁的師兄弟都知道，先師這種極小圓的轉勁，甚至接近無形的瞬間圓勁，微米旋轉的角度，得機得勢的接與發，已臻神妙之境。

十、結　語

太極拳行步功是要修練到，頭腦安靜，神經不緊張，周身鬆淨，輕靈圓活，周身上下無處不虛靈。盤拳時要能鬆，柔，圓，輕，緩，內外雙修，腳下功夫是足掌不弓，腳趾不抓地。

所謂腳平鬆落地，足敷貼地，像一張薄棉紙，輕輕落在地上般敷在地面。像一片落葉飄落水面般，腳與大地融為一體。不以腳踩地，不以腳蹬地，因為腳用力必然有反作用力而失去根基，人的肢體便失去穩固。要腳神經隨時間的推移漸漸深入地下，根基十分穩固，腳越鬆，根越穩，功力越增強。當學會以雙腳站穩不動來化解來自對方的攻勢時，此種感覺是很奇妙的。不祇是站在地面上而已，還將根植入地下，入地三分。

欲至此境關鍵在於放鬆髖關節，放鬆趾節，身體保持彈性以身體一種基本技能來修練。如此才能藉由身肢的迴盪而鬆沉，且輕鬆地吸納來自對方攻擊的力量。

【註】

❶力從地上起，勁源由腳底湧泉起，所謂邁步如貓行，腳底湧泉是踩在一顆裝滿水的氣球上，前後左右都輕

204

靈。此式以彌陀拜山為佳。

❷虛實為第一要領，重心在實腳為支柱，每一動作均從根起，實腳要穩，要沉，虛腳，要輕靈。所謂單腳立柱，有如一扇門板，半邊開，半邊闔。

❸初習太極拳栽根有如種小樹苗，必須把根深植地裡，樹幹才能長高長大，古人常云「樹根深葉茂，人根深長命」，寓意深長。

❹平常人站立，兩腳平分重心，是五五分腳，而渾元樁，則為三分實腳，意念在兩腳外緣但當實腳鬆沉時，虛腳隨之離地，然須將意念留在地下，此曰離虛，此式狐仙拜月為佳。

❺此曰整勁，發勁時，務要注意腰脊上的力量往上擁，往上送，不祇是在接觸點上的力量如此，在弓步掤勁時，也要全身上下內外一體繃開，撐勻成為一體。利用全身的整勁，往下鬆沉，如沉右腳，勁在左手，反之亦然。

❻把拳練到根，用腳行拳，行步輕靈，落步沉穩，如靈貓撲鼠。

❼先賢李雅軒曰：實腳踏地，發勁是反作用力與作用力的彈性關係，發勁如果是後腳彎曲用腳跟蹬地是錯誤的，是用力，是拙力，蠻力。後腳彎曲，蹬地，打直，機會祇有一次。正確的發勁是後腳打直，落胯鬆沉，以虛實轉換，綿綿不斷，前腳要沉要穩，即脆且快，然勁不傷人矣。

立身中正安舒

　　武術講求手眼身法步，身法的修練更是太極拳的關鍵基本功。以正確的方法學練，把每一根骨頭放在正確的位置，放鬆全身關節，讓氣能沉於丹田，使身體的負擔極小化，對修練太極拳起到了事半功倍的效果，此仍學練太極拳者夢寐以求的。

　　然武術界有諺曰：「太極拳十年不出門」，意指學練太極拳，非得下定決心，苦心修練十年以上不為功。這是傳統舊思維在作祟，或因以前的師父大都以教拳為職業，對於拳術功法，心法有所保留所致，無形中嵌制了真正太極拳功的發展。鄭師爺於黑皮書自序曰：「諺又有所謂教人留一手，又謂傳子不傳女，皆自私也。」故從學者在得師心傳口授與個人默識揣摩，學拳悟拳，知拳非得苦熬十年，才能體悟太極內功心法。

　　然現今社會生活經濟多元化，均把教拳當做一種志業，毫無保留地共同分享傾囊相授，學拳者如能遇明師而教之，且自己願意腳踏實地用心修練，三至五年稍有所小成，應是指日可待的事。

　　太極拳講求中定，人類得天獨厚，以脊椎垂懸，支撐上半身，得以站姿行走，而靈乎獸。脊椎為人體之中軸，

由上而下以頸椎、胸椎、腰椎、骶骨椎、尾椎等垂懸於天地，所謂「尾閭中正神貫頂」。係指尾閭與頂之百會而言，即尾閭能自然垂正，與百會意氣相貫，讓身軀保持自然中正。並以意領氣，以氣運身，脊柱守住天地一垂線❶，則氣能沉於丹田，立身中正，支撐八面，運動省力輕靈也。

鄭師爺於益臟腑云：「人之臟腑，蓋有異乎獸也，獸之脊樑橫，不能人立，則五臟六腑雖同繫於脊樑之宗筋，易於壯盛，故強於人，以此，人能立，而脊樑豎起，則清濁分，智慧足，而靈乎獸矣。」

脊柱即為人能以站姿徒行於大地建立了基礎，太極拳行拳走架強調立身中正，垂脊正直。則為學練者必須做到身法要領。立身中正者，頭不前俯後仰，泥丸似頂非頂，頸部放鬆，後頸豎直，玉枕骨上頂貫串，使百會朝天。不斜肩，不寒肩，鼻對臍元，脊樑垂豎，節節貫串。兩眼平視於前，目光擴展遠方，不仰視，不俯看。且永遠跟著上體轉動。尾閭向地，腹部內收，尾閭坐胯對正，百會與會陰垂正，則氣自然下沉於丹田，內則心神意氣安舒，外則四肢百骸調和開展，所謂神舒體靜，內外雙修也。

先賢徐震於練體云：「演架規律統于十事，凡此規律，是名身法。十事者，一曰提頂，提頂者，頭有提契全身之勢，頂門與會陰常相對當也。二曰拔背，拔背者，背椎略向上起也。三曰含胸，含胸者，肩微前合，瑣骨胸骨下降也。四曰斂脅，斂脅者，肋骨下降相密比也。五曰鬆肩，鬆肩者，舒展肩胛帶，令肩下垂也。六曰沉肘，沉肘

207

者,使肘關節常下沉也。七曰裏胯,裏胯者,兩股之間為內向穹合之勢也。八曰攝尻,攝尻者,腰椎微向後穹,臀向前收,小腹取上翻之勢也。九曰騰挪,騰挪者,足下分明虛實也。十曰閃戰,閃戰者,全身肌骸舒暢調適,能隨時隨處運移也」。十事敘述簡潔明確,充份說明身法立身中正之要領,真練體之明燈,希學練者多加體悟,對太極功之修練將助益匪淺。

先師亦嘗言:「把每一根骨頭放在正確的位置,把全身肌筋腱放鬆,把重心放在丹田,兩腳分清虛實,此乃立身中正之實踐。」此意指人體的肌筋腱最主要的作用,在於維持骨架垂直及姿勢的平衡,所謂氣能沉於丹田,重心置於丹田乃能中定。兩腳分清虛實,單腳立地,下盤穩固也。但如骨架不正,中軸脊骨歪斜,扭轉,擠壓或前後滑脫,則相關中樞神經,五臟六腑,心血管系統等氣血運行都會受到阻礙。氣不通則血不旺,最先感覺到的病兆就是各部位肌筋腱產生酸痛,其他系統與五臟六腑的疾病亦將接踵而至。

太極拳之所以常被稱為老人拳,並非其間架運行緩慢所致,而是源於一般打太極拳者低頭彎腰。其實太極拳是最講求上半身須立身中正的。

鄭師爺以「尾閭與夾脊得中,方為不失中定」,「按轉變,即變換虛實之樞機,不經道破,真不知有下手之處,右手實勁,交與左手,其樞機在夾脊。左腳實勁,交與右腳,其樞機在尾閭,但要尾閭與夾脊中正對齊,方為不失中定。」先師銘言:「兩手虛實轉換在夾脊,兩腳虛

實轉換在尾閭。」由此得知，修練太極拳無法立身中正，全身就不得放鬆，轉換虛實不得輕靈。

所謂「頸項不立，則神不能貫頂，尾閭不收，則氣不能沉於丹田，上下不交，則無從練功矣」。無論行拳，推手，基本功均須特別重視正確身法的修練。一般打太極拳所常患的缺點，茲臚列於下，供有心者參詳：

1. 頭容不正，頸項不直，此乃不會虛靈頂勁所致，鄭師爺云「頭不頂懸，三十年功夫白練」。初學者，須特別注意，保持臉部的自然放鬆，頭容正直，不低頭，不仰首，不左右歪斜，不搖頭晃腦是練好太極拳虛靈頂勁，立身中正安舒的第一課。

2. 眼不能平視，東飄西瞄，影響立身中正至深且鉅，長期習慣性的俯視，上半身必致前傾，前方負荷過重，造成腰椎過度彎屈，椎間盤過度擠壓，破壞了前後肌群的平衡。長期習慣性的仰視，上半身必致後仰，胸肌群緊繃，背肌群過度鬆弛，五臟不得和順。致腹部突出，六腑受到拉伸與擠壓，胯無法放鬆，胯根過度內收，胯隙僵滯。太極拳眼要平視，並擴及遠處，意往何處，眼神先至。行拳時，目光隨腰而動，腰定時，目光隨之而定，不能有絲毫超越。但目光意念又不能太強，形成呆視。操作時，應眼神內斂，所謂斂氣凝神也。

3. 下顎後收太強或向上仰起，一般人最易忽略下顎對

立身中正的影響，其實下顎的內收與仰起與頂頭懸，氣沉丹田是互為對應關係的。下顎後收太強，對於鼻子的呼吸會造成阻礙，容易引起呼吸不順的後果，致氣無法沉於丹田。向上仰起，致眼神看天，氣滯於胸，均易使頸關節不平衡。影響氣血輸送到頭部的路徑，造成呼吸與動作無法協調。

4. 兩肩無法外展平放，且誤認含胸乃將肩頭內捲或前含太過，致肩關節附近胸肌凹陷鬆弛，且胸膛不得其正，肩關節無法鬆開迴盪❷。故在操作肩關節時，須特別注意兩肩頭要沿著胛骨方向延展，並使鎖骨微內含，似抱初生嬰兒狀。在意識的引導下，長期鍛鍊沉肩垂肘和旋轉活動，不僅能起到舒展肩韌帶和附近肌群的作用，更有利於手臂的伸縮纏繞，先師之西施梳頭功法甚具實效。

5. 身軀向左或向右方歪斜，或低頭駝背。易致背肌緊繃，胸腹肌鬆弛，擠壓腹腔等，此乃造成駝背的最大主因，歪頭斜腦，必致身軀左右歪斜，左右肋腹肌不得放鬆平衡。致脊椎變形不得中正。頸部關節長期受到擠壓，頸肌無法放鬆，血氣通行不順，失去調節體溫之功能。常持以往，許多失眠，頭痛，兩手酸麻等症亦將接踵而至。

6. 膻中凹陷，胸肌不正，前弛後張，致背肌緊繃，督脈氣上浮，無法通三關。前胸內凹，致氣行不順。膻中凹陷不飽滿，也是形成駝背的主因之一。如果此狀態不加以

改善，日久必致胸悶氣鬱，發勁不整，且按壓該處會有疼痛感。但也不能矯枉過正，致胸肌緊繃。正確的功法應求胸脊挺直，胸背肌自然放鬆，胸部有寬舒之感。肋骨下密，兩臂斜開，翹肘開腋，則膻中飽滿中正，橫膈得以張縮自如，林清智老師以中黃穴圓滿稱之。

7. 腰部無法放鬆，不正直，經常性的凸腹或哈腰，容易造成臀部過於凹陷，尾閭不得正中。常見修練太極拳者，把腰練成內凹和外凸的現像，致臀部上翹或斂臀太過，形成狗斂尾巴之勢。腰是上體與下肢轉動的關鍵，動作的變化，重心的穩定以及推動勁能抵達肢體的功能，均須腰腿帶動。太極拳要求腰須鬆空而挺直，轉動時不搖晃不彎曲，磨轉心不轉，才能使內勁達到支撐八面的要求，而不致偏斜。俗云「做人腰桿要挺直」，即是把腰豎直方能豎強有力。行拳時，腰胯左旋右轉，起落，升降中須維持兩側基準線正直，以對應肩與胯合，使兩肩與兩胯在一垂線上，則頂勁直貫腰胯，定住腰，立身必然中正矣。

8. 臀部過於外凸，或斂臀太過，尾閭向前，縮臀或向旁歪斜或翹臀等，是一般練拳者最大的毛病，蹶起屁股打拳，轉換虛實時，臀部左右前後擺動，違反太極拳中定的要求，間接影響到腰部的發力。必然產生彎腰低頭之病。太極拳要求須斂臀，即屁股向裡收，膝微屈使尾閭向地，則腰部自然鬆沉直豎。襠部會陰虛上提而使腹部充實。後臀保持中正，動作欲向何方，尾閭即予對應，發勁仍能專

注一方。

9. 落胯不正，上半身的重量放在髖關節處，造成前傾，翹臀，或直胯後仰，致兩腿內側經脈緊張，胯不正不平，丹田無法正位，鄭師爺以「主人翁在家否」喻之，最為貼切。

10. 夾襠，尖襠，兩腿內側形成人字形，平步時，兩膝內扣或前曲太過。弓步時，後膝無法對應後中趾尖，致襠不開不圓，形成扭麻花腿，兩膝前後左右遊走。行拳硬撐膝關節的毛病，長持以往，立身無法中正，體重由膝關節負擔，對於膝蓋是莫大的傷害。因此圓襠與兩膝對正兩趾尖是相互對應的關係。兩膝微向外張，兩大股向裡合，襠自然圓虛，兩腳虛實轉換自如。

11. 腳趾抓地湧泉懸空，這是造成全身無法放鬆，立身無法中正的最大源頭。站立時十趾一旦緊繃抓地，足弓附近肌群必致緊縮，以應趾關節的平衡作用，連鎖反應全身肌群僵直，根基不穩步伐必亂，致身法歪斜彆扭。兩足轉換虛實時，機勢呆滯，重心不穩固。故鄭師爺強調足敷貼地，步伐才能穩當靈活。

綜合以上身法常患之缺失，修練太極拳時，必須時常加以檢視，務求身法平正，重心落在骨盆中心，與地心引力方向一致。行拳走架，維持頂頸之虛靈，眼平視，頸豎

直，肩放平，全身毫無凹凸處，無斷續處，無缺陷處，隨時保持姿勢的安舒，不僵直，不歪斜，不仰俯。中土不離位，重心不出尖，此即中定也。形體的中正，致內在心神意氣安舒。內在的安舒，精神放鬆，亦促使外在形體的垂脊中正。

　　修練太極拳身法扮演最重要的角色，每一個姿勢的不正確，都會影響到全身的中定與鬆柔，可謂環環相扣，牽一鬆而動全身。故先賢徐震曰：「全身肌骸舒暢調適，能隨時隨處運移也。提頂拔背，則神志清明，以腦脊髓神經易於安寧。含胸歛脅，則感應警敏，上體肌肉以含胸歛脅而得空鬆。肌肉空鬆，則皮膚感覺極靈，而神經之反射亦速。鬆肩沉肘，則關節通利，肩肘關節不滯，則上體肌骨不受牽掣，各節皆得通利。裏胯攝尻，則身安息調，裏胯則腿下屈，而重心降低，股與骨盆所成之杵臼關節運轉之地位寬舒。若但屈兩腿，不取內裏之勢，則杵臼關節運轉之地位迫促。重心降低，則置身穩定，杵臼關節運轉之地位寬舒，則回旋便避就易，此皆安身之要法也。攝尻則腰肌自鬆，微作弛張，即可使隔膜升降而成腹呼吸，用腹呼吸則息之出入易調。雖伏氣尚有專功，此固伏氣之本也。又裏胯，攝尻二勢，亦互相助成，足常一虛一實，交互相代，以支其身，則進退變轉甚易，以重心不致提高，力矩不致增長，故動中依然穩定，動時仍可發勁，故能騰挪，周身隨時隨處可以運移，則宛轉避就，無所底滯，故能閃戰。」「十事悉合，是為合度，一事未合，餘即受其牽繫，難以屬當。」

「十事合是為合度,一事未合,餘悉受其牽繫,難以盡當」。妙哉斯言也。十事合度,立身乃能中正。騰挪、閃戰,無所底滯也。故拳論云:「無使有凹凸處,無使有斷續處,無使有缺陷處。」即立身中正的表徵,全身無所底滯,立如平準,活似車輪。小時候,常 DIY 陀螺,如果將軸釘打偏打歪了,就轉不動或搖搖擺擺地,其理相同,故單腳立柱是重心❶,即重心腳從湧泉至泥丸,就如陀螺中心軸釘般垂直地面,實腳之湧泉即身軀之重心點,且重心愈接近地面愈穩實,沉轉愈靈活。此既為立身中正仍能輕靈沉轉也。

太極拳身形講求立身中正,進而達到中正安舒的境界。立身中正者,身體站立正直,雙目平視,然此非全然中正安舒也。必須內求心神意氣之安舒。故尾閭中正,並非臻安舒中正,真正的安舒中正應以心神意氣的安靜,精神放鬆而言。尤其在行拳時,能做到內則安舒與外形體淨。才是內外雙修的中正安舒。譬如太極拳起勢,不分陰陽,要求中正安舒,從腳到頂、足踝、膝、胯、腰、肩、肘、腕、手等關節均要放鬆,讓身上的隨意肌與不隨意肌都一一鬆開,讓心神意氣換得靈。行功心解云:「立身須中正安舒,支撐八面,行氣如九曲珠,無往不利。」靜中容易動中難,盤拳行功在拳勢的陰陽變化中,重心轉換不到位,往往身形就左歪右斜,前俯後仰,形成凹凸,斷續,缺陷之病,此為心神意氣僵累所致。

「意氣須換得靈」,要調整心態,順暢呼吸,恢復心神的安靜。反映在身形上即是立身中正,故中正與安舒是

互相依存的，要隨時調整心態，安舒心神，在靜與動中均保持立身中正安舒才能練好太極拳。全身動作才無遲重之虞。

　　練拳要周身放鬆是重要功法，習拳者一定要重視，每天練一套拳，一段拳，或單勢均可。注意勢與勢之間的陰陽變轉，此謂「陰陽分得清」。重心腳與頂，上下成為一垂線，以保持主身中正。站椿，盤拳均按此要求。雙人對練時，頂上虛靈有神，勿忘勿助。如此「意氣換得靈，陰陽分得清，百會提得起，湧泉放得下」，手腳虛實變轉自如，上下相隨，形神內外相合，得心應手也。

【註】

　　❶立柱式身形，實心腳的單腳重心須落到湧泉，即左腳或右腳虛實互換，尾閭是樞機。尾閭，百會上下呈一垂線，保持足尖、膝尖、鼻尖的「三尖對照」。所謂「道法自然」，立身中正向自然界學習，以樹為師，根深葉茂，唯有外求中正，內才能安舒，所謂承天之氣也，接地之力也。

　　❷盤拳或推手，步隨身換，手隨腰動，手上八法是否能動而後盪，關鍵在鬆肩。

落胯的原理

　　太極拳無論是盤拳或推手，特別強調落胯，落胯是太極拳重要的功法之一。學習太極拳的人真正知道落胯又懂得落胯，將全身鬆沈到腳底湧泉，才算學到真正的太極拳。

　　落胯最主要的目的是為了增加腳底板與地面的接觸面積，並讓整片腳底板平均受力，以增加身軀的穩定性。

　　這有如早期的木製長檯的四隻腳，為了使長檯能穩定承載重量，木工師傅在製作時刻意將四隻腳以斜向四個隅角方向安裝，使四隻腳所構成的接觸地面底面積大於長檯板的面積，這種安裝檯腳的方法必須徹底計算檯腳底端面接觸地面的方向與角度，才不致造成每隻檯腳僅一個隅角或側邊接觸地面，而達不到穩定的效果。在製作四隻腳的底端面接觸地面時，必須將原本呈直角的底端面切割呈斜向內的斜切面，才能讓每隻檯腳的底端面完全接觸地面，使長檯達到四平八穩且能承載重物的效果。

　　太極拳的落胯就是如何讓雙腳的腳底板能完全與地面接觸且能平均受力，才能以腰胯承載全身重量，使長檯達到四平八穩且能承載重物的效果，此即湧泉貼地，也是落胯的第一關。

故當此時，如何改變上端的胯根就成為人體是否能落胯的重要課題。人身的胯關節就像長檯的四隻腳上端榫頭與長檯板的四個榫口接合處。木工師傅想把四隻檯腳穩固且密合地安裝在檯板的榫口上且成斜向外時，就必須將檯腳上端的榫頭處的斜面與長檯板的四個榫口的斜面都須有相同斜向外的方向與角度，才能讓四隻檯腳完全密合。這是一個簡單的原理，但製作時在計算方向與角度卻是一大工程。

　　修練太極拳的落胯就如木工師傅在安裝長檯的四隻腳，鬆了腳底板並不表示已完全落胯，必須再讓胯根內扣，讓髖骨的尾部自然向前，中端窠穴處得中，兩腳膝關節微前屈微外張，這種鬆膝關節功法也是落胯的關鍵之一。人體兩膝關節是微向內的，唯有將中段的膝蓋微屈微張，鬆了膝關節後，膝尖才能對準腳尖。

　　放鬆腹部、縮小腹、圓襠、尾閭內收向地，腰桿才能挺直，下端的腳底板才能以最大的面積接觸地面，並讓每單位面積平均受力，發揮承載全身重量並產生一貫之勁，這是達到落胯的第二關。

　　修練落胯的第三關是「意」，是腳底要有入地三分的意，是豎脊樑與頂頭懸的「意」，所謂身不偏斜就無遲重之虞。一般常人由於日常生活的習慣與疏忽，站立或走路的時間逐漸縮短而不耐久站，致年紀漸大，臀部越往後翹，且因不注重兩腳承載全身重量的功能長期疏於保健，致使兩腳漸漸失去其應有的責任。

　　仔細觀察三至五歲的幼兒，他們的活動力特別強，祇

要是醒時，都是蹦蹦跳跳的，且均以腳底板觸地，不以腳跟著地，中段的膝關節微屈微張，前胯摺疊，胯根內扣，上半身直挺挺地腰脊挺直，尾閭向地，走起路來看似顛簸，實際卻很少跌倒。這種幼兒的身形就是落胯，落胯仍直立人類的本能，祇是我們漸漸把它忘了。

太極拳由後天返先天，外形與內氣均必須修練，才能達到落胯圓襠的地步。拳論云：「其根在腳，發於腿，主宰於腰，行於手指，由腳而腿而腰，總須完整一氣。」完整一氣者，意的貫串也。

人體由胯根為界分上體與下盤，上體即頭、頸、肩、胸、腰。胯根、兩臀、兩腿則為下盤。落胯者，即胯根入筍也。這有如早期鄉村三合院的大廳門板，大門邊框的上下方各有一個向下與向上的槽孔，而門板的側邊上下兩端各有一凸筍，安裝門板時，必須讓兩槽孔上下垂正，並讓門板對準入筍，開或關門時才得輕靈。讓胯根入筍是落胯的第四關。

將上體之肩、胸至腰束結起來，形成一個空隧道，有對拉拔長之意。有如長形汽球般，抓住其兩端對拉，讓汽球之空氣往中間束結成管狀。

把腰身束結起來，就像少女束腰般，束腰就是為了挺直腰脊，少女穿上束身衣，把腰束結起來，再讓臀部前收，更顯得挺直有緻。

健美先生腹部露出六塊肌，也是把腰身束緊才感覺更有精神與氣魄。

冰上芭蕾舞者，當身體快速轉動時，雙手必先緊抱身

體，以減少空氣阻力。要停止旋轉時，必先張開雙臂，以增空氣阻力，讓旋轉緩慢下來。

空中芭蕾舞者倒立旋轉，祇要把原來合攏的雙腿打開，轉速就會緩慢下來。反之亦然，祇要併攏雙腿，束緊腰身，凝聚中線，轉速就會加快。

日本醫學界試驗證實，纖細腰身的人，平均壽命比大腹便便者多十歲以上。公視節目「科學玩很大」，有一檔節目講到，當一旋轉物體，祇要將其重量朝中心集中，移動時轉速就會加快。

大自然的物理現象，驗證了束腰的效果處處可見，譬如水中漩渦轉速越快，漩渦就愈內聚，渦洞愈深，吸力反而愈強。颱風轉速越快，颱風眼就愈小。龍捲風往中心內聚形成漏斗雲柱，均為重量往中心束結的結果，這就是重心內聚的原理。也是人體束結腰胯，胯根鬆落的現象所必須遵守的原則。

太極活體，腰的束結旋轉，走化來力，便是充份應用此物理特性，凝聚中線，緊束肢體，讓重心集中在中軸線。又束腰凝聚丹田內氣就像將灌飽空氣的汽球，在其開口處打個結般，使汽球內的空氣不會外洩。

有如早期農村在收割稻穀時，用篩穀機將稻穀從稻穗脫落後，所剩下來的稻草，農夫會用幾根稻梗將稻草一梱梱地從稻穗根節處束結成檴。然後一轉身一旋腰，將稻檴甩圓，並站立在田裡。收割後的稻田，祇見一片豎立的金黃色稻檴，閃耀在陽光下，煞是美麗。束腰有如被農夫束結並甩圓站立在田裡的稻草般。

太極拳練好束腰後，丹田氣就不致洩漏，就能凝聚內氣，落胯圓襠，站立穩當，旋腰自如，此兩者原理相通，理為一貫。祇是太極拳必須在束結腰胯中隱含似鬆非鬆，將展未展的感覺。故束腰，讓腰身束結，上體立身中正是落胯的第五關。

綜合以上五點，闖過了這五道關卡，讓落胯的身法做到湧泉貼地，腳跟含虛，兩膝微屈微張，摺胯，尾閭前收向地，縮小腹，腰胯往下鬆落頂頭懸，豎脊樑，使肩胸隨腰鬆沈，當湧泉之意能入地三分，頂頭懸的意念能直上天頂，以凝聚丹田之氣。內氣能貫串全身，丹田有如一堅實氣囊，可以承接來自外面撞擊之力。更有如彈簧般能將對方彈出。則落胯之功法已臻純熟矣。

推手之原理

　　太極推手是一種身體力學原理，是融合了合力、慣性、力偶、旋轉、彈性，反作用力，作用力，動量定理之武學綜合力學所組成。其運用之妙，祇要精研上述之力學原理必有所得。

　　功力是練出來的，是養出來的，絕非教出來的。我常對學生說，推手不在手，是下盤反應，記住這原則，勤養不輟，必能以小力勝大力，以靈巧勝拙力，以柔克剛，運用太極內勁功法避實就虛，引進落空，隨機應變地調整身體力學結構，使對方失去身體平衡。

　　推手更須特別注意雙方所形成的方向、角度、力量之應用，在力學應用上不僅力點、支點、重點需在同一直線上，才能產生貫串的應力，也才能以最小的力量，撥動最大的重點。

　　我們試以竹竿搬動大石子為例，雙手握在竹竿上端為力點，放在竹竿下方的小石子為支點，在竹竿底端上面的大石頭為重點，以支點與力點的距離為力臂，力臂越長，且力點與重點的距離越短就越省力。

　　太極拳推手就是修練如何讓力點從腳底深入地裡，而不是祇停留在肩、胯之間。並將支點直接加諸於對方之身

上，如果能了解與體悟下列諸要點，在推手的應用上更能應付裕如。

一、合力的原理

所謂合力的原理，即避開對方的攻擊，順著對方的力向加上我力，將兩力作用於對方身上，以產生合力而使對方身體失去平衡之謂也。其所體現之特點為柔與順，柔化引動對方重心，順著對方來力引其勢背，然後加諸以對方，讓力產生加乘之作用。

此技法即是太極拳能以小力打大力，「牽動四兩撥千斤」，「引進落空合即出」的具體表現。

二、慣性的原理

太極拳之所以能夠「牽動四兩撥千斤」，正是掌握力的慣性。譬如汽車急速行駛，突然煞車，輪胎會在地面留下胎痕，此乃汽車前進動力之慣性所造成。當我與對方身體接觸，意欲加力於對方時，對方以大力抵抗，我立即鬆手，對方之身體將受慣性之支配，不由自主地繼續向前，失去平衡而前傾。或如果對方用大力向我攻擊，我先以掤勁接其來勁，並趁對方加足力道之際，我速撤去掤勁，對方身體將受慣性之支配，不由自主地向前傾倒。或對方向我猛力撲來，我則撤步閃開，使其撲空。對方受慣性之作用失去平衡向前撲，此抽手或閃身使對方之力落空，身體失去平衡的方法，就是慣性原理。

運用的具體表現，亦為動盪之餘力所牽動之慣性原

理。關鍵在我是否能「放」,「捨」,此所謂「避其鋒,兜其尾」也。

三、力偶的原理

所謂力偶者,即兩平行力,力量相等,方向相反,所謂槓桿原理之謂也,力偶雖不能產生合力,但卻能使物體旋轉,在太極推手裡,如對方兩手推我胸部,我右手按對方左臂,左手上提對方右肘或左手下按對方右臂。右手上提對方左肘,不須用大力就能將對方旋轉於地。或如對方左手推我右肩或右手推我左肩,我右或左肩順其來力轉身避讓使對方之力不受我身體之阻力而繼續前進,同時,我即以左手或右手擊對方右胸或左胸,無須大力就能使對方身體旋轉。

此均為力偶之運用,在推手中「化打」、「挒」均為力偶之具體運用。力偶的原理必須充分利用支點、力點、力距的原理,譬如我之左手扶對方右肘,我之右手牽動對方左手掌,則我之左手為支點,我之右手為力點,力偶也可稱為槓桿作用。

民國三四十年代民間秤重的工具,俗稱秤桿,以一支木桿,作秤身,一端裝上掛勾量秤物體,其次為提耳即支點,再其次為秤錘(可活動)是力點,因此祇要將提耳拉起,移動力點,就能知道物體的重量,支點離力點越遠,就能秤越重的物體,即我們所稱之重量。

小時候鄉村都是泥巴路,常常車子輪胎陷入泥沼中,大人會在輪胎底下放顆石頭,再用一塊長木板將輪胎翹

起，然後發動車子，讓車輪離開深陷的泥地，此亦為力偶關係。清潔工人拿著大掃把沿街掃地，揮動的雙手也是力偶關係。兒童時期在泥地上挖個洞，利用兩枝長短桿的打桿子遊戲，也是力偶槓桿原理。

四、旋轉的原理

在力學上旋轉是最省力的，古時的紡紗機、水車、舉凡跟圓有關都離不開旋轉的原理，近代工業革命所有機器，更把旋轉原理，充分利用到極致，太極拳離不開圓，離不開旋轉原理。

在推手中，對方以左手推擊我右胸，我右胸順其來勢轉身避讓，使對方的力不受我身阻力繼續前進而失衡，我同時以左手向右橫推對方右肩，對方將因我微力向左轉摔倒。在旋打的過程中，我也可挑其右腋，向上旋打，橫推其右臂，向左旋打，直推其右胸，向前旋打且旋轉，此具有化解來自任何力向的作用，並可使防備區加大，加長力的作用時間。舉其例，今之大樓，人員進出頻繁，建築師設計旋轉門，可讓陸續進出的人們，順勢進出。

太極先賢李經梧大師由牛推磨而悟出了旋轉的理論，太極圈訣有「退圈容易進圈難，不離腰頂後與前，所難中土不離位，退易進難仔細研」。中土者，腰也，腰為軸，以軸為中心，磨轉心不轉，此即太極之圓轉圈化原理

五、彈性的原理

物理學之虎克定律，以外力增加受力彈性體的應力和

應變都相應增加,當外力減少時應力也相對也減少,因此太極拳之沾黏連隨就符合此項原理,所謂動急則急應,動緩則緩隨,隨時沾黏才能感應彈性,使彈力發生作用,當彈性體與外力接觸的剎那,即馬上感知外力大小,不受外力所牽絆,應用到太極拳即為聽勁、懂勁、用勁。如撐桿跳,吾人必須握緊桿之一端,另一端抵住地面,在作用力與反作用力與桿之彈性三重作用下,將人體撐起。越過橫桿,完成撐竿跳的動作。

修練太極推手,即在尋找人體有利支點與下盤彈性配合,達到接與發之目的

六、作用力與反作用力之原理

作用力、反作用力,與彈性原理其實是三胞胎,更可說是連體嬰,在牛頓第三定律說:「每一個作用力,總有一個與之大小相等,方向相反的作用力,或兩個物體的相互作用力,總是大小相等方向相反的。」如果一個物體靜止不動,就無彈性可言,物體本身須具有彈性,但也須外來之力加諸其身,彈性才會產生作用,這外來之力即為作用力,當作用力加在彈性物體之同時,此物體即產生作用力,當作用力消失之同時,彈性物體恢復原形,而產生相等的反作用力,太極體就是此三胞胎的綜合體,故作用力,與反作用力離不開沾黏連隨。

譬如在運動場上,我們把一顆鉛球拋擲到乾燥的泥地上,或汽車飛駛在沙漠的道路上,都會掀起陣陣塵土飛揚。在平靜無波的水池裡,丟下一顆石頭,也會激起一波

波的漣漪。日本 311 大地震，乃地殼重新調諧平衡穩定而施放出能量的結果，然而卻激起福島大海嘯的反作用力。又如飛盤開始在空中盤旋飛行時，其上方的氣流必須大於下方的氣流。而當其抵達飛行弧線的最上端，旋轉速度開始減緩下降之際，則下方的氣流必須大於上方的氣流，才能使飛盤穩定飛行。其拋擲的方式必須充分考量氣流作用力與反作用力的相互作用。飛機在空中飛行，機翼的設計也必須考量上下兩氣流作用力與反作用力的平衡關係。

太極拳，捨己從人，引進落空合即出，牽動四兩撥千斤。仔細思考，便知此均為力的作用力與反作用力的結果，也是太極拳丹田產生氣勁發化勁的立論基礎。

太極推手中，「捨己」是非常重要的，如果無法捨己，將作用力加諸對方身上，而以硬推硬進的手法加諸在對方，其所產生的反作用力，將使自己處於不利之地位。故如何善於利用對方的作用力與我之反作用力，就成為太極推手最基本的課題。正所謂「彼不動，我不動，彼微動，我先動」。在推擊對方之同時，對方也會有一力量相等而方向相反的力作用於我，反之對方先推擊我之同時，我也會產生一力量相等，方向相反的力，加諸於對方。此中之奧妙，全在聽勁與懂勁，如何以最小力引動對方的大力，再利用對方之大力順勢回擊。

如我以兩手後採對方左臂，引對方產生反作用力，並加速向前送勁，我再以對方向前送勁將盡之際以微力加諸於對方身體，對方必向其後方跌出。此即為作用力與反作用力的相互應用。

人體重心──中定之基

　　盤拳架或推手練習，最常見的毛病就是無法定腰，不是移胯挪臀就是扭腰擺臀，身體既失之中定，如何稱為太極拳？所謂中定者，師爺謂：「生理學所謂重心，在腰線間，其地位及意義正與丹田相同，重心，亦即太極拳所謂中定，中定不能離乎丹田。」

　　太極拳的最基本要求，須做到磨轉心不轉，此心者，腰也，丹田也，所謂「主人翁在家否？」讓髖關節入筍，放鬆兩胯，以兩胯根為圓周的相對稱兩點走圓（**直徑與圓周的兩交點**），且各自形成兩軸，與腰之大軸稱三軸共構。立身中正地盤拳，才能輕靈安舒，不失重心也。譬如左單鞭，重心永遠是陰陽相濟的前七後三弓步當中，將重心置於丹田。所謂「中土不離位，重心不出尖，腳下陰陽變，天地共一線」。因此在盤架時，兩腳祇有陰陽虛實轉換與虛實分清的問題，並沒有重心在哪一腳的問題。

　　俗語說「下盤要穩」，指的是重心守在丹田，就能如不倒翁般，如風阻尼器般，讓重心永遠垂向實腳湧泉，下盤就會很穩。體會了這一點，就不會有重心應放在哪一腳的問題存在。重心穩了，腰胯定住了，臀部就不會東搖西晃了，身體自然中定。身軀以中定勁面對外界，內動外不

動，對方自然無法聽到你動與靜之訊息，自然為你所制。

有一次我在指導一位學生，這位學生很敏感的說：「老師，在一對一的推手練習時，老師都叫我們不要移胯挪臀，但在對眾人講課時，又說不可移胯挪臀，其中差異在那？」

我說：「一對一是指導，是非強制性語氣，是糾正，是提醒，是行為發生之後的提醒。而在講課時，則是重點提示，是針對性的強制性語氣，是行為發生前的提示，沒有模糊空間可言，即在盤架或推手練習時，必須謹守立身中正安舒不失中定。祇要有移胯挪臀的動作，都是違反太極拳中定原理，都是不被允許的。」

因此對於時常有學生問我「盤拳時重心應在哪一腳？」我都會很明確的告訴他們：「太極拳沒有重心在哪一腳的問題，祇有重心在上盤、中盤、下盤的問題。因為兩腳的關係是虛實轉換，祇有虛實的問題。」重心永遠在兩腳之間隨勢轉換。永遠在丹田往地下的垂直線，就像101大樓的阻尼器，像教堂裡大鐘的鐘錘，與地心引力永遠是對應的關係。如果能練到重心往下盤鬆沉，則就不會心浮氣燥，這就是有根了。

因此修練築根，就是將重心往下練，往下沉，有如不倒翁，因其重心永遠在其最底層，所以任何力量都無法將它推倒。修練到重心自然垂向實腳下盤，則腳底平鬆落地，邁步如貓行，當腳底接觸地面時，如貓行走於地面，邁步踏腳逐步踏實。如貓足五爪外張，腳平鬆落地，就能有根。

不倒翁有重心在那一腳的問題嗎？沒有，他的重心永遠在實腳最底層的中心點，了解這一點，單腳立地時將重心往湧泉練，放鬆全身收腹鬆腰落胯，無論行拳走架，都遵守此原則。

　　吳圖南大師的鬆肩篇有如下之描述：「蓋人體生存於地球之上，其受地心引力之控制，吸引，因此下降愈速，則愈顯沉，能鬆即能沉，下降愈鬆則沉之愈重。」可做為重心往下鬆沉的最佳註解，沉之愈重，則全身重心愈穩。腰、胯、膝愈能定住，移胯挪臀的毛病不見了。功夫自然上身了。

　　先師非常重視人體重心的訓練，記得民國六十八、九年，在基本功的訓練課程上有三震功，一曰白鶴騰空（翔），二曰丟三關，三曰雁蕩平沙，四曰拐李掌舵，五曰老龍出海等五式，但民國七十年後就很少看到先師演釋此功法。

教堂的鐘與校園的鐘──
論垂直重心與擺盪重心

　　太極大師汪永泉前輩的人體二、四點重心理論，係針
對人體下盤重心擺盪而言，強調兩腳虛實轉換時，重心的
擺盪幅度不得超過二、四點。如果重心擺幅超出二、四點
就是力已出尖，體已離位。

　　何謂人體下盤的二、四點重心呢？當把兩腳前後或左
右張開時，其張開的幅度越大，身體的底面積就越大，底
面積越大，軀體就愈穩固，但活動卻相對不靈活。雙腿張
開的幅度越小，甚至小於上體的橫切面積時，軀體就愈不
穩固，但並不表示活動也越靈活。因為人體乃為活體，如
果將兩腳腳跟併攏，縮小底面積，反而有綁手綁腳之感。

　　最理想的人體活動底面積是上體的橫切面積與下盤兩
腳張開的底面積相等，形成一既穩固又靈活的運動活體，
這就是兩腳張開與肩同寬的立論基礎。也是太極拳二、四
點重心理論之濫觴。

　　何謂太極拳二、四點的重心擺盪理論？譬如時鐘的鐘
擺，設若其左右擺盪的極限為第二點與第四點，當鐘擺靜
止不動時，其重心係垂懸於中央第三點。如果其向左擺盪
超出第二點來到第一點，或向右擺盪超出第四點來到第五
點，就是力已出尖，就會影響上體的穩定。亦有如鋼琴的

230

節拍器，設若其擺盪的擺幅極限為第二點與第四點，如果其擺幅超出極限而抵第一點或第五點，超出節拍器的體位，本體就有傾倒之虞，就是體已離位。

故當人體兩腳左右平開呈平步或前後分開呈弓步，其下盤的最佳穩定結構有如金字塔的等腰三角錐體，尾閭是錐體的上角，兩腳是錐體的斜邊，兩腳底之間所構成的底部為錐體的底面積。從三角錐體的上角有一無形重心向下垂懸於兩腳之間，稱之為擺盪重心或順向穩定重心❶。當人體處於靜止不動時，這一擺盪重心受地心引力的影響，亦處於靜止不動且相對穩定的狀態。當兩腳虛實轉換時，這一擺盪重心會隨實腳鬆沈的方向擺盪。如果其擺幅超出兩腳之間的二、四點，軀體將處於不穩定狀態。反之如果兩腳左右或前後虛實轉換時，擺盪重心向實腳方向擺盪的幅度不超出二、四點，人體就能保持穩定平衡。

太極拳二、四點重心擺盪理論即根於此。我們試以學校的上課鐘鐘錘之擺盪試以解析之。

早年懸掛在學校走廊的上課鐘，在其鐘錘的底端綁了一根繩子，每當上下課時，都由校工拉動鐘錘，使鐘體發出宏亮的聲音，提醒全校師生上下課。在下課時間裡，每當校工從辦公室走到走廊時，同學們就知道要上課了，都紛紛跑進教室準備上課。

曾記得有次下課時間，校工領著一位年輕姊姊走到上課鐘的底下，教導這位姊姊如何敲鐘。一群好奇的同學圍在旁邊觀看，祇見那位大姊姊用力把繩子一拉，鐘體隨著鐘錘擺動，然卻發不出鐘聲。而熟練的校工，輕輕地拉動

繩子，鐘體不動，鐘錘卻有規律地敲著鐘體內側，發出既清脆又宏亮的鐘聲。童年的記憶非常清晰又深刻地烙印在腦際。

拉動鐘繩，鐘錘始終祇在鐘體內側擺盪敲打，而鐘體不動，就能發出聲音，這就是鐘體穩定平衡所產生的共振效果。如果拉動鐘錘的力量太大，致使鐘錘重心超過鐘體的垂懸範圍，牽動鐘體擺動離開二、四點，鐘體就無法與鐘錘產生共振，而敲出既結實又宏亮的上下課鐘聲。

人體是直立的活體，除了下盤擺盪重心外，在其上體內部尚有一重心存在，我們稱其為垂直重心，亦稱反向平衡重心。如何讓其與擺盪重心保持在一垂線上，且與擺盪重心形成平衡關係，才能讓垂直的人體既平衡與穩固又輕靈。此垂直重心有如 101 大樓的阻尼器，具有緩解人體受外力撞擊的功能，且與體內液態體的穩定波動形成反向共振關係。

太極拳的身法有如在人體上體按裝一阻尼器，使人體能承接外力而不失穩定平衡，此上體的垂直重心即由內氣形成，內氣能收斂，將內氣濃縮成液態狀，與體液溶合在一起，沈入丹田，讓此垂直重心的意念往下，質量越厚實就愈有效果❷。

在運動時，設若能將上體的垂直重心前後左右擺盪之擺幅不超出下盤的二、四點，並與擺盪重心形成共振關係。或讓垂直重心四面八方的擺盪方向與軀體呈反向平衡運動，或上體在擺盪時，能保持垂直重心向下不動，就能提高身體的穩定性與一貫之勁，此垂直重心能否保持向下

垂懸與穩定，關鍵在腰與上體的立身中正。

時中學社社長徐憶中師伯在其「腰，太極拳整勁的樞紐」一文提及：「太極拳是一項不增加呼吸頻率，內外兼修的全身運動，以腰為樞紐來帶動四肢，上下相隨，一動無有不動。」又曰：「我們知道腰為軸心，由腰來帶動整個軀體，一動全動，絲絲入扣，才能達到療疾健身，禦侮防敵的效益。」

人體的腰就有如學校走廊懸掛上課鐘的橫樑或教堂鐘樓上禮拜鐘的支架，必須固定不動，才能讓鐘體穩定。而垂直重心的穩定平衡就像教堂裡的禮拜鐘。它的鐘體的頂部是固定連結在一根橫桿上，這圓形的橫桿擺在鐘樓的支架上，當其左右來回滾動時帶動鐘體來回擺盪，而懸於鐘體內部的鐘錘則相對不動，是靠鐘體的來回擺動接觸鐘錘發出清脆的鐘聲。同理，此鐘體的橫向擺盪太大時也會牽動鐘錘一起擺盪，影響鐘錘的穩定平衡，失去反向共振的效果。

如上段所述，101大樓阻尼器與不倒翁的重心理論，當上體受到外力的衝擊時，其主要的功能在於緩解上體來自四面八方的衝擊力，使上體處於平衡狀態。故當上體受到外在的衝擊時，如果內部有一調諧器。如海邊消波塊般，緩衝消除來自海浪的沖力，垂直重心就愈能保持穩定，並與下盤的擺盪重心凝聚在中線，貫串一氣，形成共振關係。

我們把內氣的鼓盪比喻為水桶裡波動的水，早期的農村，農夫必須從遠方挑水到菜園澆菜，當農夫挑著滿滿的

兩桶水，走路時其上下左右的擺幅會讓木桶裡的水溢出。聰明的農夫用稻草綁成十字型的稻草捆（台語）放在水面上，降低桶內水的波動，以防止水花四濺，並增加水與桶體的共振與穩定。此與不倒翁與 101 阻尼器，上課鐘與禮拜鐘，穩定軀體整體重心的立論有異曲同工之妙。也為修鍊太極拳之氣沈丹田，體悟體內液態平衡、立身中正提供了最佳詮釋。

立身中正並不代表上體不能動，而是要求腰帶手動，手不主動，一動全身動，且上體的動必須與垂直重心形成反向共振，始得立身中正。任何物質的內部質量受地心引力的影響，重心都永遠向下，其質量越重，越能穩定物體，而物體的底部越窄，長度越高，重心就越不穩。人體是一物體也是由各種物質所構成，更為一豎立的活體，在運動時，其不僅承受來自體內液態體的波動、承受空氣的阻力與推手時的外力衝擊。此時人體的兩重心，就發揮了其應有的反向共振功能，當充分了解教堂裡禮拜鐘的不動鐘錘重心、阻尼器的緩衝調諧功能，就能充分了解垂直重心穩定與平衡的重要性。

當了解學校上課鐘的不動鐘體重心與不倒翁的下盤重心等物理現象，也更能了解人體兩腳虛實轉換時，下盤擺盪重心穩固全身，且重心不得超出人體兩腳二、四點的重要性。

當充分了解農夫在桶內水面上放了稻草捆來穩定水面，以減低水的波動。就能體悟內氣的動是體內垂直重心與擺盪重心之運動所產生前後、左右擺動或上下劃圓之動

盪，而外形卻能永遠保持不動，此為內動外不動。係產生內勁與人體擺盪動心與垂直重心凝聚完整一氣的原動力。

在修鍊太極拳內氣，以心行氣，以氣運身，凝聚內氣，氣沈丹田，為內氣質量的厚實製造條件，為產生貫串內勁打好基礎。推手時，如何在兩腳虛實轉換的當下，讓擺盪重心與垂直重心貫串並凝聚中線，不受人襲擊之力。了解如何讓上體的垂直重心產生反向共振且讓下盤的擺盪重心不超出二、四點，並能破壞對方重心，為推手發化勁創造有利因子。

先師發化勁時下盤擺盪重心始終保持在第三點發化勁，那種大圈化小圈，小圈化無圈之瞬間轉勁，當雙手觸及先師身體，在不知不覺中，已被彈出尋丈之遠。當與先師學練四正推手時，祇要一觸及先師身體，雖然感覺先師並沒有出力，但一股強勁的力勁，猶如颱風過境般直撲而來，根本躲不開。而在發勁時，勁出如撞球之以球擊球，如彈弓含石遠放，那股輕靈放勁的功夫，在還來不及反應之際，人已騰空而出。

熊氏太極拳嫡傳林清智老師亦特別強調，在推手時利用二、四點的擺盪重心平衡理論，不管是發勁或化勁都能取得良好的效果，也才能體現出真正的太極拳發化勁功夫。

【註】

❶下盤重心的擺盪方向，永遠隨著實腳的鬆沈方向，故曰順向穩定重心。上體的垂直重心則永遠與人體呈

反向共振關係，故曰反向平衡重心。

　　❷氣的質量都是輕浮的，如空氣、瓦斯氣、修練太極拳內氣，就如空壓機將空氣壓縮在一鐵桶中，亦如罐裝瓦斯，將瓦斯氣濃縮成液態，裝於瓦斯桶內。原子彈爆炸的原理，就是液態鈾原子與原子在內部互相撞擊，產生能量，釋放能量的結果。人體內氣何嘗非如是。太極拳修練，將心與氣相守於丹田，內氣濃縮凝聚於丹田，沈於丹田，丹田就愈厚實，內氣自然形成液態氣功能，「不獨內外相合，上下相隨，前後左右皆可行也」，這就是太極發化勁的原理。

聽　息

　　蛇捕到獵物，先以身纏住，當獵物掙扎時，會加快呼吸的頻率，在一吸一呼時，蛇的身體會感受到獵物的呼吸，隨息纏緊，如此在息與息間，讓獵物窒息。

　　大自然界，物競天擇，適者生存，這是野獸叢林的自然法則。各種生物各具生存本能與本領，反應於形，形成動作與技巧。人類模仿動物之動作，加以修練，由單勢而複勢，進而形成套路，武林中，譬如蛇形刁手、鶴拳、猴拳於焉誕生。

　　太極拳既是武術，自然不離此模式，其最大特色即在外形動作外又加了內功修練。如鳥伸，熊經與圓環之應用，讓太極拳更臻完美，更臻慎密。而其最上乘者，以呼吸吐納，吐故納新也。凡動物者，皆須賴呼吸以維生，吳圖南鬆功曰：「凡人絕穀七日而死者，以水穀俱盡，臟腑無所充養受氣也，然必待七日乃死，未若呼吸絕而即死之速也。以是知呼吸者，根於原氣不可須臾離也。」故凡動物者，皆須賴呼吸以維生，不論其為胸呼吸、腹呼吸、外呼吸、內呼吸、正呼吸、反呼吸，以及皮膚呼吸等。欲其流暢不窒，捨宗氣之充足無以完成其任務。「宗氣者，先天一氣也，真氣也。」由此可知，太極拳求的是先天氣，

息越長，氣越強，感知亦越靈敏。由養氣而知息，由知息而聽肢體之脈動，因此聽息可說是太極拳的最高心法。

動物祇要有呼吸就有動靜，人類亦然。推手時，在動靜間，如何在沾黏貼隨中，讓對方聽不到你的動靜，取決於雙方的放鬆程度與聽息功夫。

功夫下乘者，以上盤聽息，中乘者，以中盤聽息，上乘者，以下盤聽息，即踵息也。

踵息者，為太極拳最高修為之一也，此即鄭師爺之「接地之力」。當人體與大自然連成一體時，踵能聽知大自然之任何訊息，即為踵息。由「踵呼吸，丹田吐納」，前輩先賢有「手是沾黏，聽勁在踵」。即對任何之外力，均須接到腳底再反射到手。

拳經所謂「其根在腳，發於腿，主宰於腰，形於手指，由腳而腿而腰，總須完整一氣」。台諺對武技之描述有「腳步站乎正，腳尾煞乎穩」，何謂腳尾，即踵也。湧泉，踵鬆，全身俱鬆，練到踵能聽息，這就是上乘的聽勁功夫。

莊子曰：「至人之息以踵。」意指呼吸必須既深且長。太極拳之呼吸深長，上可至頂，下可至踵，運動其根在腳，由腳而腿而腰，行於手指，完整一氣，故太極以手指扶於人而使其跌出者，並非以手指之力，更非以手之力，其力乃發於足，而人不知也。上手、中腰、下足，無處不相應，無節不貫串，自能得其機勢也。

熊 經

在鄭門干氏門下學習太極拳，練習熊經是最基本必修的課程。

記得剛入師門的第一天，先師教我練熊經時，他老人家做完動作示範後，在講解要點時先站在我背後，以雙手扶在我的腰間，引導我如何利用兩腳的虛實轉換重心。當重心由右腳移動到左腳時，必先將全身重量完全落在左腳，且須立身中正，頂頭懸。坐穩臀部後，才能順勢向右扳轉腰部，再將重心以左遞減右遞增之勢，即左實腳遞減為虛腳，右虛腳遞增為實腳，慢慢將重心落實在右腳。當重心完全落到右腳湧泉時，先師會用手輕摸右臀部的肌肉檢驗臀肌，是否有鬆弛，並一再的提醒曰：「你的臀肌太硬了，這是沒有將重心完全落在實腳湧泉的結果，再鬆沉一下，讓臀肌軟趴趴的，就對了。」

然後調整我們的上半身是否立身中正，以雙手扶在腰際，慢慢帶動上半身的旋轉，並要求全身放輕鬆，不用力，不著意。如此左右反覆練習，平移再扳轉，直到雙腳發酸、發麻為止。

在練習的時候，先師常引用師爺漫談五禽戲之熊經曰：「熊經乃熊之經常動作，向左右扳轉腰臍不息，人須

239

早晚飯後，半小時行之，體弱者可自二百動開始行之，或三百動，每隔五日或七日，遞加五動或十動，只許加不許減，故宜緩進，不宜欲速，加至十分鐘或最高十五分鐘不加矣，必須求適意，以輕鬆愉快為得也。」

先師亦曰：「練習熊經，必須注意，頭頂懸，頸勿用力伸直，眼平視，神內斂，呼吸自然，肩要平放，含胸拔背，腹部放鬆，臀微坐，摺胯收臀，圓襠，膝關節微曲張。踝關節略彎，十趾放鬆勿使力，足心平鬆貼地❶，讓髖關節，膝關節，踝關節，趾關節等完全放鬆。腿部保持彈性，雙臂鬆垂於兩胯前兩側，手臂勿伸直，手掌微內含，以腕節提勁，掌背朝前，十指不併不張，當熊經捵轉時，將兩手心相對，曰抱太極。且必須將意念貫注於指尖。當兩腳虛實轉換重心，不管是轉腰或前移時，上半身皆不可自行轉動或晃動，祇能隨腰捵轉和移動。切記，當重心完全放在一腳時，腰部才可以轉動，且須時刻注意，重心腳不可有絲毫移動，此謂磨轉心不轉也。轉換虛實腳時，腰胯必須緩緩向前平移，如汽車行駛在平坦的柏油路上，由四輪的轉動，帶動車體平移，切勿忽高忽低。」

在練習內氣時，須將意念收攝在丹田，氣沉丹田，以食指意念領動腰部的捵轉，以小指意動引領身體平移前行。才能達到氣行周身的效果。

在習練的過程中，當指尖有發麻、發脹的感覺時，代表功法是正確的，漸至發熱甚至於有刺痛感，不必在意，祇要繼續練習，掌心會漸趨紅潤，勞宮穴微動，掌心有如萬隻螞蟻窟動般，當此時，氣機已臻發動，猶如汽車處在

四檔般輕快地行駛。

　　熊經主要在練習左右不斷捩轉腰脊，不停地鼓動腎氣，當腎氣的氣機暢流四肢百骸。猶如汽車之活塞不停地運轉，促使腎氣由湧泉上行，經腳而腿而腰椎、胸椎、頸椎而達天靈蓋之百會穴。下行直透五臟六腑。當手指感覺微動時，此乃手指先得氣感，必須勤加修練，以提升氣感之質量並致氣行勞宮穴，直達腕節，至肘至肩關節，漸覺手臂格外沉重，此乃歛氣入骨之象也。手臂流通的氣感會加速雙手各關節之鬆開，促進人體左右腎臟之強壯，達火燒臍輪之效。

　　故先師曰：「熊經促使腎臟充份活動，始能讓命門火發熱，實有輔助打通任督二脈。」

　　又曰：「熊經乃仿北極熊姿態，朝夕於不停的左右搖擺，故仿模其動作，因人體中腎臟之部位，促其充份擺動，使能自然促進新陳代謝，加強腎臟之隨動，然可引導全身血液順暢，尤對養氣效果，日累月異，不然而然打通任督。」

　　從先師之兩段銘言可知，習練熊經對於人體任督二脈與腎臟的幫助，祇要勤加修練，對於老年攝護腺與子宮疾病有極大的幫助。腰部之運動利腸胃，祛痰涎，健腎水，火命門，補精氣，增進性功能等。

　　就如先師所言，熊經功法質量的提升，是隨著練習時間的長短成正比加乘關係的，初習者，肌腱僵滯，也許祇能左右捩轉45度角。如果勉強為之，必致肌筋僵緊，不利於功法之修練。故如何引導腰胯轉動，如何讓腰胯捩轉

到左右各 90 度角是非常重要的課題。要練到腰胯的轉動靈活了，湧泉的感帶區的動明顯了，兩手的氣感輕靈了，一股氣流在夾脊直透兩手指梢。從中指梢至夾脊似有條鬆緊帶貫串著，腕節自然舒張成美人手。而當手部的麻脹感消失時，取而代之的是手掌的輕靈感，兩腳的虛實轉換。腰帶手動時，感覺空氣如水般地有阻力。則修練熊經已然讓人體邁向陰陽之體的第一關。

　　每日清晨走一趟熊經，以意念引導丹田混元氣，過會陰，接尾閭，渡長強，打向背部後的仙骨，行氣上升至夾脊，越玉枕，抵百會，然後下重樓，經心窩之狹小通道，抵丹田，循腿部內側之三陰經，下行入地，歷三百動而止。頓覺神清氣爽，氣機靈動，排濁納新，氣血通暢，則百病自癒。氣通大周天循環圖口訣云：「前通任脈後通督，橫通帶脈中通衝，下通陰蹻與陽蹻，陰腧陽腧兩手通。」

一、練習熊經功法必須注意的重點

　　1、在腰脊左右捩轉時，腳趾要放鬆如棉，腳心貼地，得地氣而有接地之力，導引向右掌心，使右掌心在捩轉時，有一種炁機通順之感覺，這種感覺有熱、脹、麻、痛、癢。

　　2、左右捩轉時，其意境非憑空旋轉，而是上下有根的旋轉，故捩轉時，頂心有似有若無的根（俗稱天根），必須與掌心腳心的根（俗稱地根）相吻合，故須注意虛靈

頂勁，尾閭中正神貫頂。此乃承天之氣也。

　　3、練時要想像兩手抱太極，重心左右轉換時，要想像陰陽之虛實轉換，不用刻意求氣，全身放鬆，一切順乎自然。

　　4、轉腰時以食指的意念領動腰胯搌轉，平移行進時以小指的意動引領身體後坐。

　　5、內熊經係以實腳為中軸心，腰部往內搌轉成後坐步，再平移前行轉換虛實腳。而外熊經則為以實腳為軸心，腰部往外搌轉成前弓步，再平移後坐轉換虛實腳。

　　6、身體前或後平移時為吸氣，搌轉時為呼氣。

二、外熊經的功法

　　1、站立時，兩腳平行打開，比肩膀略寬，全身放鬆。

　　2、膝微曲微張，胯內折，垂脊正直，兩肩放下。

　　3、兩手掌垂於體前，並垂腕，兩勞宮穴與兩胯對齊或手心相對，如抱太極狀。

　　4、先將重心移到右腳，腰部向右轉到底成前弓步。配合呼氣，呼盡時正好轉到右側 90 度。吸氣，將重心慢慢平移至左腳，呈後坐步，重心完全放在左腳。呼氣，腰部向左側搌轉 90 度，上半身轉到那，眼神須跟隨到那。

　　5、向左轉到底時，氣同時呼盡，身體微向前踏實，為左實右虛前弓之勢。

　　6、配合吸氣，將腰部平移到右腳成後坐步時，氣剛好吸滿，然後呼氣，身體向右側搌轉 90 度。搌轉停止成

前弓步，氣剛好呼盡。

7、重複此動，左90度，右90度，共180度之轉動，兩手自然微發勢，須感有氣團在雙手與身體之間，從腳湧泉到丹田胸腹之間有氣自然流動。

總之，熊經係由兩腳平行或微外八站立始。平移時不得捩轉，捩轉時，不得平移，這是必須遵守的鐵律。在平移時，實腳由九減為一，虛腳由一加至九，過程兩腳都必須相互爭力，才有接地之勁。並以意念控制之，此即一腳蹬、一腳撐，蹬者為陽，撐者為陰。這就像站在海上風帆或衝浪板上，亦有如站在溜滑板上。為了保持形體與內氣的平衡，兩腳的蹬與撐是過程，虛實轉換才是目的。唯當平移過程完畢成定式時，兩腳的虛實已呈實腳為十，虛腳為零，雖然尚須保有相互爭力的意念，但形體上已然將全身重量都放在實腳上。此時，全身才可開始捩轉，也才能練就出腰胯輕靈的功夫。

俗云：「兩腳爭力，腰化不靈。」兩腳虛實的關係，唯有如圓規劃圓、風向儀隨風轉動般，將全身重量放在一隻腳上，換轉才能靈活。切記，兩腳轉換虛實，樞機在尾閭，兩手轉換虛實，樞機在夾脊，此為太極拳之奧妙。❷

三、熊經簡易自我訓練法

【內熊經】

1.重心在左腳時，向右轉，重心由左腳前行移至右腳，成右前弓步。

2.重心在右腳時，向左轉，重心由右腳前行移至左腳，成左前弓步。

【外熊經】

1.重心在左腳時，向左轉，為左腳前弓步，平移至右腳，成右後坐步。

2.重心在右腳時，向右轉，重心由右腳前弓步平移至左腳，成左後坐步。

【註】

❶實腳，完全平鬆貼地，腳板不許有任何外翻或內翻現象，如有內外翻現象時，係側臀部超過腳外緣，立身不中正所致，須加以檢視。

❷將熊經修練到熟稔後，可輔以太虛步功法，以增加雙腳鬆沈轉的功勁。

撞牆功法

撞牆功法源於道家丹道，傳為楊派太極之秘，鄭師爺於楊家七年得其訣要旨，此道家名為靠山功，又名虎背功。道幾明載「古人觀自然鳥獸謂熊腰虎背，喻男性之健壯威武而名之」，亦稱靠牆功。太極拳十大要訣有「含胸拔背」者，取虎視眈眈，因虎豹獵物時必先弓其背，令全身氣集中於脊背，以聚其勢也。

撞牆功是一種練內氣之基本功，俗云「一氣呵成」者，即指在軀背撞牆時，配合內氣的振盪同時吐氣發聲，使臟腑得到充分的運動。吐氣發聲須與撞牆同步，聲音要宏量夯實，清脆有力，切勿拖泥帶水。

練習比功時，背部撞貼牆面之部位以脊柱兩旁之背肌為宜，故背部必須平直，此即中醫所謂夾脊也。道家丹道內功稱「夾脊關」，即大椎穴下三至四椎節左右旁開約一吋處，此膀胱經必經之徑也。

此處與胸前膻中穴前後相對，中醫認為氣會膻中，可借用靠牆之勁道，衝開胸前膻中穴，使周身氣脈順暢，調和五臟六腑之氣。但須特別注意撞靠部位上緣以大椎穴下三至四指幅處為宜，過高必傷腦部，下緣以胸椎第七塊為界，過低則傷及命門，亦不可一靠兩聲，而致岔氣。

一、修練撞牆功的目的

1、調節及平衡腰背兩側肌肉的緊張，並有助氣通三關，使氣走脊椎骨，達到自動調整脊椎之作用，故靠撞時必須豎脊。

2、藉撞靠之沖激波，可強化帶脈，清除體內自由基，強化氣血循環，並達到按摩體內不隨意肌等五臟六腑之效果。

3、促使身體鬆沈，體液下降，達重心穩固之作用。

4、凝聚丹田氣，將氣運行全身四肢百骸，以增加根勁。

5、對於防止感冒，發燒，頭痛，咳嗽等亦有良好之效果。

二、功法要訣

1、背對牆面，兩腳平行站立，與肩同寬，沉肩墜肘，全身自然直立，腳後跟距牆角不得超過一足幅，且讓身體擺盪形成慣性。因超過一足幅時身體無法自動前後擺盪，須前俯蹲起，致內氣有斷續，有違綿綿不斷之動能。

2、雙手交叉，合抱置於胸前，全身放鬆，使內氣集中丹田。在撞靠時，雙手自然盪下，垂於兩胯旁，可免肩胛受傷。以背肌平坦靠撞。撞靠後，須輔以上下擺盪之勢，以增撞牆功勢與反彈之盪勁並聚集內氣。

3、上半身，垂脊正直，頂懸收額，鬆腰落胯，兩眼平視。以意念引導，落胯下坐。吸氣小腹內收❶。再以意

念引導上軀往後靠，在身體撞靠牆面之同時，嘴巴張開發
聲吐氣，讓內氣發出夯實的聲音。復藉撞牆後之反彈力，
讓身體順勢向前之勁與雙手動盪之勢，重新站直。有如鋼
琴節拍器之擺盪般反覆進行，此功至少四九次。

4、眼平視，神宜內斂，此功法之眼神對於正確的撞
靠部位具指導地位，眼神前視的高低，直接影響撞靠的部
位。眼神左歪右斜亦影響撞靠的平衡。

5、撞牆時，須保持心平氣和，心念純正，不可有任
何雜念，以免岔氣。

撞牆功亦是修練放鬆的功法，無論是接勁撞牆，或是
靠發都必須學習放鬆，即在撞牆的剎那間，全身百分之百
放鬆。五臟六腑也鬆弛下來，才能使濁氣外排。

一般人最難克服的是被拔根發勁時，心情緊張，全身
無法放鬆，在被發勁彈出時跌倒，造成不必要的傷害。因
此在雙方互練接發勁時，須選擇站在牆壁前面，背對牆
面，讓背部直接撞擊牆面。此時，接勁者如果有撞牆功之
修練，將可減少沖激力。感覺越撞越舒服。

昔日在信義拳社的練習牆上安裝了榻榻米，在接勁撞
牆時，減輕了不少的沖激力。對於我們學習發勁接勁的過
程中，得到了許多益處。

然先師強調撞牆功法須維持立身中正，雙手擺盪的頻
率需與身體前後搖擺配合，形成共振。才能使內氣暢行無
阻，讓身形即有平衡，擺盪時又有優美節奏感。

三、撞牆時應注意下列要項

1、習練撞牆功，以室外空氣清新為宜。首先找到耐衝撞的牆壁，查看牆面是否有突出物。預備式以自然站立牆前方，背對牆面，調息保持心情平靜，屏除雜念。然後雙手以由下而上之方式在胸前與胯前擺盪，往上時互相交叉在胸前，往下時分開在兩胯旁，當雙手復往上擺盪到胸前互抱時，吸氣，身體隨勢後靠，鬆沉撞牆，發聲吐氣，一氣呵成。

2、利用雙手盪下之勢，吸氣帶動全身向前直立，恢復到原來體位，不可以上身前俯之勢回復站姿，以免斷勢。

3、當身體回復站姿時，雙手再盪至胸前交叉，不合抱，復往下盪，然後盪起互抱於胸前。吸氣，身體再鬆沉，緩緩後靠，吐氣發聲。如此反覆操作，形成美妙節奏，一來一往有如節拍器般，全身擺盪。

4、擺盪之距離以雙腳立地為圓心，以立身中正之身形與牆面距離為圓弧，來回反覆擺盪，配合呼吸，綿綿不斷，切勿斷勁又斷勢。

【註】

❶太極拳雖然強調呼吸純任自然，然武諺有云：「技擊為逆，養為順。」說明武術技擊在應用呼吸時以逆呼吸為宜，養生則以順呼吸為宜。

掛曆功法

　　這是一個真實的故事，也是先師親耳聽陶師伯轉述的事實，因為陶師伯早年長住師爺家，有幸得此際遇，更由於陶師伯心胸寬大，不吝所學，與眾師兄分享這難得的經驗。

　　故事緣於有一天晚上八點多，師爺在外用餐回家，帶著些微酒意進門時，剛好由陶師伯開門。也許師爺那天心情特別好，一時心血來潮叫住陶師伯說：「炳祥啊，我來表演何謂掛曆。」接著就命陶師伯站在牆壁前面，背對牆。祇見師爺一塔手，身子一鬆沉，陶師伯瞬間感覺整個人被騰空拔起，雙腳離地一丈多高，然後往牆上一掛，此種情境確實讓陶師伯驚嘆不已。

　　記得某年的中秋節前夕，我照往例送束脩到先師家裡。師徒倆在客廳話家常，談武事。當先師談到陶師伯此段往事時，興緻也來了。

　　先師要我站在客廳的牆壁前面，背對「更上層樓」的匾額，然後使用鬆沉勁，將我騰空拔起不下五次。讓我真實體驗到掛曆的輕靈勁，真是不可思議。

　　掛曆的功法又名掛壁功，除了基本功，必須經長期的間架修練與內功的修為，才能有所得。初始可找體重較輕

者練習，以增加雙腳接地之力的功勁，也才不會發生硬提的毛病。然後再慢慢找個體較重者以鬆沉練習順勢提放。才能在不經意中練出拔根提勁的功法。功法有詩云：「後足摧前腳，前腳湧前蹤，雙手不離棄，身湧胯要鬆，鬆沉一點意，順隨應萬端。」

傳說古時候有戶農家，家裡養的母牛在牛棚裡生出小牛。每天早晚，當母牛要外出或回來時。小牛都無法跨過牛棚門檻。農夫就每天早晚抱起小牛，幫牠進出牛棚。時日漸長，小牛漸漸長大了，農夫依舊每天抱著長大的牛進出牛棚，而未感覺小牛體重已增加到三百多公斤。有一天鄰居看到這種情景，就稱贊農夫好神力。

又傳說中，有一位武者，在家門口種了一棵小樹苗，他每天進出房門，必須跨過小樹苗，隨著樹苗慢慢長高，不自覺地，武者也練成了可上屋頂的輕功。

此事是否屬實，我們不得而知。但有一點則是可以確定的，即一個人不經意的行為，往往會發生難以讓人置信的潛力。然此潛力也需經長期修練才能在不經意中發揮。佛家所謂的頓悟，來自於長期修練所累積的楞枷，始修得正果。師爺一次不經意的演釋其修練的掛曆功法才能讓此功法得以再傳承於世。

太極拳強調順勢而為，順應自然。是「捨去功法」的極致，是減法，所謂能捨才能得，如欲取之，必先予之。師爺云：「吃大虧就是佔大便宜。」如能捨去全身僵力。減掉本力，才能產生隨勢而發的渾圓勁。掛曆功法在順與隨，順他、隨他。隨其下降後再躍起之勢，將他拔根提

起，本身就不用力了。

慈濟功德會有很多義工排成一列，幫忙搬磚頭，除了充份發揮團隊合作的精神外，更蘊含著順隨省力的功法在內。一群六、七十歲的老人家，以傳接的方法搬運磚頭而不喘不吁，也不覺得酸，原理也是順隨，即順勢也。因為在相互傳遞的過程中，每一塊磚頭在空中拋遞時，都毫無停留地隨拋物線前進，故中間每一個接傳者均不用力。整個列隊中祇有第一位的提與最後一位的放，較需費體力。

此種順乎自然不經意的傳遞法，與太極拳掛曆的提與放功法真謂不謀而合。想像對方就是搬磚頭的第一位與最後一位，是人與磚頭的合體，我是中間順隨的隊伍的全部。祇是跟著對方隨下就上而已。

當然一個人要把超過自己體重的人提掛，本身須具備深厚的太極提放勁才能辦得到。師爺曰：「太極拳之提放勁，要意氣貫串，要往中心打，往裡打，往遠打，往上打，往下打，要打透，要打穿。」原理可以參考，功法、心法必須苦心修練，修練身法上必須動如猛虎出柙，令人望而生畏，柔如微風拂柳，柔軟如帛。在師爺拔敵人之根文章中提出：

一曰，本人必須具有根勁，所謂「其根在腳，發於腿，主宰於腰，形於手指。由腳而腿而腰，總須完整一氣」。攻擊前，力微收，腰轉正，用勁不用力。攻擊時，需有微微上推的概念，勁由後腳轉移到前腳，直接入地，前膝彎曲，不可超過趾尖，否則力量會消散。肩和肘宜鬆，尾閭直立，頭中正。上述幾點都做到了。勁能集中，

可摧敵人之堅強壁壘。缺少上述任何一點，力不能集中，效果便會大打折扣。

二曰，攻擊前，雙手觸及敵身，不可過份用力，否則會給敵聽勁機會。你一開始攻擊，他便能輕鬆的化解你的力量，更遑論拔其根。

三曰，手輕觸敵身時，必須能偵出對方身體發出的輕微抗波，利用此種抗波，便能斷然的攻擊他，個人想要偵出抗波極難，需要練習推手一段很長的時間方能體會。

四曰，攻擊時，不可雙手同時用力，《太極拳論》中云：「攻擊時，必需以一手瞄準敵人身上的一個方向。雙手用力即是所謂雙重，違背太極拳的原理，正確的方法是使用單手，另一隻手不用力地輕扶敵身。」

五曰，手和手臂的位置，攻擊前和攻擊後，必需一致，手和手臂伸縮不平衡，攻擊時，會影響來自腿間勁道的集中，「拔根」的功效盡失矣。

六曰，攻擊時，力需微收，先寓向下之意，而後向上，便可拔敵之根。太極拳編著中說，若欲上推，必先向下，例如若欲將物拔起，必先向下推，其根自斷。

以上六要點，是鄭師爺在英文版太極拳自衛和健康體操的簡化方法中的提要。欲將人掛起，必須拔其根，欲拔其根，需先隨下就上。以我湧泉為重心，藉丹田之氣掤住或按起，形成內外一氣。以意聽，以勁問，以腰權，以湧泉摧，不丟不頂，如海浪湧浮木，如捲揚機拋稻草。最重要的必須抓住對方重心實點，黏住對方直線一點，輕意微拔提敵根。

　　操作掛曆功法，本身必須具備引人之勁，將對方的勁力引到自己身上，隨對方來勁鬆沉，接住對方的勁道，然後在對方勁力將斷未斷之時，以提放勁往上打，意念穿透對方身體，將對方掛到半空中。故掛曆功法總合了鬆沉勁，內透勁，提放勁等功法。《撒放密訣》云：「一曰擎，擎起彼身借彼力。二曰引，引到身前勁始蓄，三曰鬆，鬆開我勁勿使屈，四曰放，放時腰腿認端的，擎、引、鬆、放，其中隱含靈、斂、靜、整之心法。」所謂引進落空合即出，掛曆功法的要訣盡在其中矣。

坐船渾沌—彌陀拜山

　　無極本在渾沌中，渾沌初開無極生，傳說盤古開天，女媧補天渾沌初開而天地分，陰陽既成，乾坤已定。

　　此坐船渾沌在無極而生太極，初者渾元樁，兩腳平行站立，以雙腳共同分擔身體的重量。初習者，既使在需單腿負擔全身重量時總是以身體重心的偏移來保持身體的平衡，如此就失去了立身中正的原則。

　　太極拳則是在鍛鍊腿部筋肌骨的強度與全身精氣神整合。因此，在盡可能不變換原體位的重心狀態下，以高度意識來控制全身重量集中單側腿，使單側腿的筋肌骨之荷重加倍，而達立身有軸的目的。

　　坐船渾沌式即根據此項要求所設計的修練功法，單側腿平衡中有對稱，鬆沉中有循環的單腿重心法，其功法有二式。

一、單腳立地鬆化法

　　1.兩腳平行站立，以左手四指併攏，左手指背著於右手指內側，兩大拇指梢相接，是為接氣，凝神靜氣，以此手訣掤勁於前胸，兩大拇指上緣平肩高，作負陰抱陽式。

255

2. 重心在左腳，虛右腳，將右足背付於左足後踝處，腳尖輕點地，使身體與手呈太極圖（**重心在單腳**）徐徐向上移再緩緩矬下，在身體矬低鬆沉之同時，一股氣出丹田緩緩而上直達泥丸，至雙手對鼻尖而止，乃使身體徐徐上升，手不動隨身體徐徐而下，至與肩齊。如此上而下時，身體曲膝下坐，當下坐時，夾脊拉緊，脊樑挺直兩膝外張曲屈開襠，尾閭收住，全身如氣球般向四面八方鼓動，膨脹。下坐時臀不過後腳跟，膝不過前趾尖，全身中正安舒。

3. 兩相交之手隨身體鬆沉向左右分開，手心由向內轉向下，再由下自上手心相對，以至大拇指與肩平，小指對齊心窩恢復如前作揖狀，為無極空中不空之象矣。

此功法以單腳立地，修練全身整勁。初習時在不穩中求穩，繼之讓單腳湧泉完全貼地，可使全身穩如泰山。終則求單腳立地，似立於隨海浪搖晃的船上，腳底有如踩在一顆水球上，在穩中又似不穩，此種境界，可以搖擺不定之不倒翁形容之。

二、雙腳立地鬆化法

1. 兩腳平行站立，與肩同寬，以湧泉貼地，全身放鬆。吸氣，兩手隨腰勁向上蕩起至指尖平眼，兩手心向前，肘尖垂向下，上身微向後仰約五度角。此勢意念向後上方。

2. 吐氣，全身放鬆，全身向下鬆沈，上半身微向前

傾，兩手隨腰勁呈弧線形向身後蕩下，手心向後，勿聳肩，肘尖先下，當兩手隨上半身向前向下蕩時，將意念放下，切勿與地心引力爭力，且須蕩至手心向後。

3.上半身後仰與前傾合稱一趟，每天練習五十趟後，可明顯感知根勁。先師在教導此式時曾曰：「此式專練脊柱與足勁，一觸即發，快捷如電動，為接勁之根基。可訓練動作靈敏簡捷，兩足並立，上半身自然彎曲直立，其根在腳，易生內勁。」

個人體驗，第一式乃靜中求動，第二式為動中求靜，兩式相輔相成，為自我修練接勁的至高功法。訓練發勁時，想像把衣服掛在衣架上，以意念輕輕放勁的感覺，自然而為，可得接發同步之妙。

水泥牆理論——根勁

先師常云：「太極功夫打穩基礎為首務，故任何動作皆須向下紮根，並通任督二脈為主要目的，如無內勁之茁壯，一切均屬空談，所以無論體與用之實效，皆自身內勁強與弱而定。」

又云：「從用來說，首須將自己身上形成圓球然走化，接受外來絲毫力量，必須立地生根。」

立地生根者，有根勁也，有了根勁有如水泥牆般杵立在地上，根勁功夫才能上身。

功夫上身了，對方來勁，不聳肩，不動肩。把肩放下來，肘自然垂下來了，腕也無力了，全身鬆透，氣自然不上浮，此所謂沈肩墜肘鬆腕節之謂也。

以美人手沾黏對方，對方感覺你的雙手沉甸甸地，就像掛在對方身上的兩塊肉，或如被蛇纏身般窒息，無法呼吸。氣勢直逼對方身上，讓對方動彈不得。有如虎含幼虎移窩，如箸夾蛋等三種層次的感覺，使對方感覺不出絲毫力量存在，但又無法走避。

且如站在懸崖邊往下掉，想抓住身邊的樹枝支撐，結果此樹枝馬上隨力勢應聲而斷裂，身體瞬間隨枯枝掉入無底深淵般。

有時又像放在手上的玩具般任我擺弄。此時對方勢背了，如果對方無法鬆沉下來，反而想用硬力，掙脫或推按擠，對方將因使力，努力而出現力點、硬點。也會因對方使力之強弱來決定他自己跟蹌，後彈的力道。

　　就像雙手按在一面水泥牆般，此種後彈力是反作用力，你祇是放鬆地杵在那兒不動，順勢鬆沉而已，本身並無使力，此所謂「用意不用力也」。有力打人非真打，無力打人方真打。想像你就是道水泥牆，不受來力，且能反彈來力。

　　把自己修練成水泥牆，祇是築基栽根初級的功夫，是穩固力。當對方來勁小於我之穩固力時，雖然我本身不出力，但由於穩固力大於對方來勁的關係，縱使我不出力，對方還是無法撼動。反因我之穩固力夠沉夠穩，讓對方因自身來勁之反彈力反向跌出，來勁越大，反向彈力相對亦越強，這是力學原理。

　　但假如對方之來力大於我方穩固力時，則我方將會牆倒樓塌。有如大水沖倒龍王廟般，瞬間失去重心而跌出，故穩固力與衝擊力是比較值。

　　但如果我修練到有螺旋勁，鬆沉勁時，層次不同情況可能就大不同，我可依聽勁，腰轉勁，鬆沉勁，螺旋勁，隨力向而轉，隨鼓盪勁而反彈。

　　譬如一個圓之圓周任何一點都與圓心等距對稱，當圓心定住一點時，此中定也。以圓心為軸，圓周的任何一點都同時具化與發之功能，即同時存在推力與拉力，可隨來力之力向而化與發，此兩種力向同時存在圓周的一個點

上，即為渾圓力。

　　如果此圓為立體球體時，球體的中心點為一固定之軸點，則此球體表面之任何點必同時俱備推與化之多向力，可將來力之力向，同時向四面八方轉化卸除。當此球體充滿氣時，更能產生第三種反彈力，如果推與化同時俱備反彈力，此種加乘之勁力其威力必大於來力好幾倍。所謂如環無端，就是在描述此種圓活之趣的勁道。

鳥伸──栽根法

　　鳥伸，顧名思義即鳥的伸軀之謂也。以鳥身體之結構，身體與腳的比例，幾近為六十比一，且為了利於飛行，骨骼為中空，以減輕體重，如此懸殊比例下，鳥竟能站穩腳步行走。

　　大自然的造物自有其法則，生物適應環境之能力，求生存與免於恐懼之本能。此尤以人類為最，從原始祖先四肢著地爬行，演化到直立行走，到仿自然動物之動作衍伸為拳術以求防身、保命、保家園。

　　鳥伸為拳術築基功法中之一，火鶴佇立在水中休息，可單腳站立不動達數小時，或禽類欲飛行先蹲低之行為，都是鳥伸功法最基本要件。

　　鳥伸分動功與行步功，動功祇是單腳立地在原地做虛腳前移後盪之反覆練習，而行步功則須依下列要點操作。

一、起　式

　　兩腳外八字步站立，重心在左腳，身體往下鬆沉，不可搖晃，重心腳定膝鬆跨，小腹往後收，臀部往下坐。

二、移　根

　　當左重心腳坐實時，湧泉完全貼住地面，右虛腳離虛，向前邁出，腳跟先著地，右膝對準右腳趾。身體再往下鬆沉一次，動作連貫，右前腳掌漸次完全貼地，重心向前移成右實左虛之勢。

　　同時左後虛腳跟也同時緩緩提起，全身漸漸往地面鬆沉。直至左後虛腳跟完全朝天為止。

三、定　根

　　當右前實腳踏實後，必須定住膝尖，使其不超過中趾跟節，全身不可左右前後晃動。

四、栽　根

　　當踏出的右前腳由虛轉換成實腳，並完全貼地時，左後腳由實變虛，讓整個腳掌僅大拇趾虛點地，腳跟朝天，腳掌垂直地面然後離虛，在右前實腳再往下鬆沉（五趾完全鬆開貼地）。

　　右前腳膝不可超過腳尖，栽根時，自動盪回左後虛腳，腳掌背隨即貼近右前腳跟後方，左腳大拇趾輕點地。

五、轉　根

　　當左後虛腳盪回貼進右後腳跟時，大拇趾輕點地，形成右實腳單腳立地生根，以腰胯向左轉45度角，利用右實腳在鬆沉之勁，將左虛腳向左前方45度角邁出，腳跟先著地，漸次變成全腳掌完全貼地，將身體重心再移至左腳往下鬆沉，同時右後腳跟當依次離虛，漸次變右虛左實。

　　左實腳在往下坐的過程中，臀部不可往後，超過後腳跟，要前收往下坐，收腹，歛臀襠自開。胯自落。循此功法反覆左右換腳向前行步，日行百步，可增加根勁。

手裡乾坤

先師曰：「手裡乾坤，乃楊家秘傳之一。何謂手裡乾坤，乾者，父也，陽極則剛極。坤者，母也，陰極則柔極。剛極則柔極，就是剛柔並濟，相生相剋，盡在其中矣。所以天地萬物生生不息，剛極柔至，物極必反，週而復始，就是循環不息，變化萬千，妙法無窮。但須明師口授心傳，點竅開悟，方收體用之奧妙。古人云：『千金易得，一訣難求。』加上著熟生巧勁，任何強敵，實可先發制人，當年楊始祖露禪公只練掤擠勁，天下無敵，況此秘練尤妙掤擠二勁，因簡而至精，其法迅急，準確，狠酷。故敵非傷即死。所以太極拳道家之士，務必仁慈，出手必留餘地，切記至誠。」

這是先師之手稿文章，道出手裡乾坤之心法與體用。此即為先師最擅長功法之一，寸勁、冷勁也。

拳論云「極柔軟，然後極堅剛」，「發勁如放箭」。曾記得在新公園的場子裡，先師常示範此種手法發勁，並告誡我們，此勁雖是手的運用，但勁不在手上，須配合由下盤發出之轉勁、冷勁、寸勁，鬆沉勁，才能勁出如子彈出膛的效果。

曾記得，某位師兄在與先師推手時，趁先師回頭分心

之際，雙手猛力按向先師的胸部，祇見先師一轉腰，一抖手。這位師兄已騰空飛出數丈遠。且因為當時沒有師兄弟在其後面保護著，當他一屁股坐在地上之際，雙手往後一撐。造成小臂尺骨斷裂，經過幾個月的調養才痊癒。

在一次敘餐中，徐師伯也敘說了一段往事：當天大夥齊集在教練場由師爺指導推手。在他與師爺練習推手之後，師爺轉身欲去指導其他學員之際。史師伯在旁慫恿他偷襲師爺。他也就不經意地將手按向師爺的大臂。結果師爺自然地往下鬆沉，手掌反向直接擊中其腹部，打得徐師伯當場不知所以，直冒冷汗。事後師爺回頭說：「你要偷襲我，可事先告訴我，不然我就無法保護你了。」弄得師伯非常尷尬。

有拳諺云：「如常山之蛇，打首則尾應，打尾則首應，打中間則首尾俱應。」這就是手裡乾坤即快且狠又準，自然而為的功法。

手裡乾坤的功法，含有捋擠勁，先捋後擠，都是狠招，捋是轉勁是引化，以小臂或大臂的輪轉，引化對方來力，再反諸彼身。八法云「捋在掌中使」，動在腰腿，轉在肱骨，不急不緩，恰到好處。以掤捋勁為例，當掤住手臂時，對方如果使力按我腕部，我以肘尖擊之或以肩靠之。對方如果按我肘部，我以掌背擊之，或以側肩靠之。對方如果按我後肩節，我可以反手以腕節擊之，對方如果按我側肩部，我反掌以掌背擊之。功夫到位，無不得心應手。然均須以湧泉鬆沉帶動各關節之連動，非手臂之力也。湧泉的鬆沉亦分前、中、後三區，必須分辨清楚。才

能恰到好處。腰胯的鬆沉轉也起到了領導地位。

先師曰：「凡此皆係寸勁，輔以鑽勁與冷勁。」寸勁者，短距擊人之勁也。鑽勁者，以拳或指旋轉而入，破人內功，傷人內部也。冷勁者，出其不意，隨力自然而為，突施剛勁也。然凡此均須先以接勁接之，再借對方來勁，隨順其勢，以腰腿鬆沉呈迅雷不及掩耳之勢，將對方擊發之。此師爺所謂「手到妙處鬼不知，連鬼都不知，何況是人」。

先師曰：「無論攻防，務必體動，沉著，鬆淨，切勿自作主張。左、右、前、後、上、下，一切都是意，均要從敵不從己。敵於進退過程，切實沾黏隨勢找隙，乘勢而發矣。」

又曰：「手裡乾坤，專對交叉神經唧接，所謂一線之勁，楊家發勁之能事，若無此基礎，難能達此境界耳。」

師爺亦曾曰：「推手時，空一空，這一空一寸，能運用成熟，發人如意。就是所謂打寸勁，空一空，祇要能空一分，即可打人，你功便成分勁。尺、寸、分、釐，愈短則功愈高深。」這與先師之「大圈化小圈，小圈化無圈，圈愈小則勁愈強」，實有異曲同工之妙。

修練手裡乾坤的功法有側靠鬆肘法，按靠鬆化功，壓肘鬆化法以及精簡五禽戲之靈貓撲鼠等為其基本功。

不倒翁與阻尼器理論

　　101 大樓，樓高 500 公尺以上，頂端聳立雲霄，台灣建築史的偉大鉅作。其中段樓層的阻尼器，懸垂在 87 ～ 91 層樓的核心部位，目的在調諧與減低颱風或地震時，頂端過度搖晃損壞主體結構。

　　此種偉大的構想原理，來自於重心理論與能量消散原理。當對方勁力及於吾身時，身體的結構體能降低結構的動態反應，如重心位移或加速度反應等。故阻尼器的作用原理為將其自身的頻率調整接近於主體結構的控制頻率。當外力使結構體的主要頻率被激發時，阻尼器會產生與主體結構反向共振的行為，此時作用在主體結構的能量會藉由阻尼器的調諧而消散，阻尼器的重心理論也起到了穩固主體結構的功能。❶

　　颱風時，樓越高受力越大。而地震則是搖擺原理，距離地面越高，搖晃幅度越大，此時阻尼器就能發揮其功用。兩種不同的受力問題，重心理論，一次解決，何等偉大的發明。由此可知重心對於物體穩固的重要性。重心越低，物體越穩固，活體越穩定。底部平整面積大於頂部的石頭與頂部寬而底部窄的兩塊石頭，要使力推動它們的力量，是絕對不同的，這是物理現象。

　　底部面積大於頂部面積，其穩固力越強，這是在同樣的垂直長度作比較。但如垂直長度不同，結果也就不同了。物體會隨其垂直長度加長而減低其穩固性。人是活體的結構，其穩定性亦然，身高 1 米 5 以上的軀體，兩腳底面積如何穩定，結合阻尼器的重心反向共振原理與不倒翁重心永遠在最底部兩理論基礎，衍生了下列四項導向：

　　1. 如何讓擺盪的軀體，重心永遠垂直地面。

　　2. 如何讓軀體的重心，降到最底部。

　　3. 如何讓移動的活體，重心隨著軀體的移動始終保持向下垂直線移動。

　　4. 如何讓加諸於吾身之來力，如消波塊般把海浪的沖力消失於無形。

　　從以上四項導向，我們可以由阻尼器結合不倒翁原理，不倒翁上端雖然會擺動，但為什麼永遠推不倒或推倒了馬上能靠重心站起來。因為它的重心在最底部，因為他的底部祇有一點接觸地面，因為它的底部是圓弧型。所以磨擦力最小。

　　太極體的人體結構係不倒翁之重心原理與阻尼器之垂直重心原理的共構體，克服了底面積越小，重心越不穩的迷思。顯現出穩固與輕靈並存。

　　我們把 101 大樓的主結構比喻為人體，阻尼器就是人體的重心。人體在左右前後移動時，無形的重心也會跟著實腳位移，且永遠重心向下垂懸。如何讓人體結構與重心呈反向共振。而依據不倒翁原理，勢能低的物體比較穩定。重心越往下垂懸，且不超出兩腳之外緣，永遠在兩腳

之間擺盪，則身體重心越穩固。故當推手時，如果對方搖動你的身體，一但重心超出體外且上浮，就很容易被拔根而跌倒。反之，如果能保持重心永遠在湧泉且不超出體外，並與身體呈反向擺動，縱使外力激發其擺盪的幅度而造成勢能提高，勢能還是永遠會回到原處，這是人體能站立而不跌倒的立論基礎。

據此理論，基本推手之互推接勁功法，目的在改變人體重心，使其同時具有阻尼器與不倒翁的效能，能及此，則太極體將如海邊之消波塊，當海浪來襲時，能破壞巨浪的結構體，將巨浪的能量，消散於無形。這就是太極推手既穩固又輕靈的根勁原理。

【註】

❶李清標先進在「小往大來話太極」著作裡，首先提及太極拳與阻尼器的相關理論，為太極拳阻尼器重心理論的先行者，本人認為如能與不倒翁理論相互結合將更為貼合太極拳活體擺盪的重心理論，故申論之。

保護膝關節

　　美國 NBA 林書豪旋風祇有短短的二個多月，就因林書豪的膝傷嘎然而止。林書豪左腿外側半月板手術，必須經六週的休息調養，直接影響到林參加季後賽的機會。由這事件可見膝蓋對人的活動，是何等的重要。

　　人體各關節間有一塊軟組織，俗稱關節軟骨，它有如一塊吸滿水分的海綿，走路時當腳往下踩那一刻，全身重量往下壓，每一縱向關節之軟組織上下都會承受作用力與反作用力的兩面擠壓，以腳膝踝關節為例，當軟組織反覆受壓時，其關節滑液也反覆回流到軟組織裡，形成動態平衡，在關節滑液進進出出之際，營養成分才能進入軟骨組織裡滋養，維持軟骨組織的健康，因此，適度的運動可增強軟骨的海綿作用，藉著不斷流進流出，關節滑液既可帶給軟骨組織營養，保持滋潤，關節周圍的肌腱也會增強，減少軟骨磨損的機率。

　　膝關節仍人體高活動量之關節組織，須有良好的潤滑作用才能運作，其組成結構含股骨，脛骨與髕骨，其外部則由一層層肌腱所包覆，稱關節包。膝關節只要其中之一骨關節錯位就會導致疼痛，日久還可能造成大腿的逢降肌，直肌，股四頭肌的僵化與內膜潤滑液的遞減，嚴重者

致韌帶緊繃而失去彈性，併發發炎現象，影響人體關節活動功能。

　　平時走路時，人體對髕骨的壓力是其體重的 0.5 倍，但當膝蓋重複屈伸時，其屈伸的幅度愈大，其體重對髕骨的壓力就愈大，上樓梯時，是平常走路的 6 ～ 7 倍。在做深蹲運動時其壓力可達 15 倍以上。

　　由此可見保護膝關節，減少對髕骨造成壓力是任何運動均須特別注意的課題。

　　人體的膝關節在屈伸時，髕骨會在股骨踝的溝內移動。若某部分之軟骨組織過緊，包覆在四周的肌腱太弱，肌腱失去控制能力，都可能導致髕骨無法順暢在骨溝內移動。其他如扭傷，錯位，脫臼，或骨折都會伴隨肌腱韌帶或其他軟組織損傷，影響膝關節的正常功能。而不正確的運動方式，更是造成股四頭肌攣縮，牽動髕骨上移錯位，造成半月板軟骨凸出，致錯位之骨關節強力摩擦而磨損。

　　不正確的運動姿勢，軟組織單點受力，也會加速該處的耗損，出現這種症狀，除了聽醫囑服用硫磺葡萄糖胺，來減少軟骨的磨損，而人體亦有自癒能力，當你改正運動姿勢後，初期磨損的組織也能自行修復，正確的運動姿勢是非常重要的。更可貴的是能強化下盤減緩下盤老化，致不容易跌倒。

　　適當正確的運動，是訓練股四頭肌之強度，減少退化性關節炎軟骨組織磨損的最佳方法。股四頭肌愈強韌，愈能吸收來自身體運動的壓力。游泳不失為有效的運動之一，平時多曬太陽也可為軟骨組織補充維生素 D_3。因為

陽光可把人體內的維生素 D 活化為 D₃。增加鈣質的吸收，有效防止骨質流失。

由此可見要紮穩根基，「膝蓋」扮演相當重要的角色，中醫云「膝為筋之腑」，膝蓋出了問題，嚴重時會帶來一生之不便，時常看到公園裡晨操膝蓋隨腰擺動，沒有定膝的觀念讓膝任意搖晃，有些打太極拳者，姿勢更是東歪西扭，膝蓋上下左右亂晃，前弓步前膝超過腳尖，將全身重量由膝蓋負擔，此種運動方式未把身體練好，反而練出一大堆毛病，真不可思議。

太極拳運動是中國先人對於避免運動傷害的最佳創舉，尤其對於膝蓋的保護更是其他運動所無法可及的。太極拳訣講究的是立身中正，重心在下盤，此所謂湧泉有根也。若要湧泉有根，膝蓋是一個很重要的媒介。

太極拳訣云「收臀定膝」，即臀部收持，尾閭始得中正，膝蓋穩定，重心則不偏也。意指膝蓋必須與腳尖固定在一方向，不得偏移，行拳走架。行進間或轉換重心時，膝蓋也要往腳尖方向前進，腰胯要往下落，形成下盤之攢力，且前膝蓋不能超過腳尖。後坐時，後腳膝蓋要固定在原點，絲毫不能動搖挪移，且臀部不得超過後腳跟，這是太極拳身法之定律。切記，重心腳湧泉必鬆開與大地貼合，紮穩根基，落地乃能生根。當弓步旋轉腰胯時，不論重心是前腳或後腳，膝蓋一定要保持中正並對著趾尖，絲毫不能動搖。唯有如此，才能使太極圓勁能量增加，膝體自然鬆柔，膝蓋骨不易受傷❶。由此可知，太極拳所有功勁，都與膝蓋有密切的關係。

在新公園的練習場中，先師最常矯正我們功架的部分，就是膝與胯，所謂「定膝鬆胯」要求後腿不能扭麻花腿，時云：「膝蓋要對正趾尖，膝蓋要定住，膝意要向前，胯意要向下。」先師如此不斷的叮嚀讓我等能在正確的功架中，鍛鍊出功力來。

　　黃性賢師伯的鬆身五法，特別強調，用「定膝轉胯」要求下盤結構穩定，形如拱橋。有基樁向下鎮地之力，亦含拱形撐起的圓形檔勁原理，二者共同形成合力，故其基本站樁，強調膝微曲微外張，形成開胯圓襠之勁。

　　吳圖南大師對膝之訓練是要求將膝練得既靈活又堅韌，因為在練功或推手應用時，其身步的進退轉移，騰挪，閃戰，全賴膝之縱橫前後，所謂「蹤之於膝」。太極功架無論進擊或凌空騰步，都須要膝部的敏捷與堅韌，方能運用自如。此亦為先師的「下實」理論。

　　格鬥八極拳之馬步，要求膝蓋外張而不內夾，且膝蓋與腳跟所形成之直線垂直於地面，即膝不超過趾根，並主張膝中心點與中趾尖相對，施展碾步後，膝蓋必須外張，以利捆鎖對方的腳部。且因包覆於膝蓋外緣之筋腱受力平均而不致造成膝蓋受損，此要訣與太極拳開胯圓襠功訣有異曲同工之妙。

　　而弓步時兩膝之要領，師爺在功架篇描述得非常貼切，「左右兩胯須求平正，左前膝蓋骨不可超過足尖，須與足尖成垂直，右腿膝稍屈，尾閭稍收，方得中正，可使神能貫頂，前腳七分實，如直向地下栽植，後腳三分活力，向前推進」。前膝不超過趾尖，後膝蓋不可向前，後

腳掌外緣貼地，第一、二蹠骨懸空。否則形成扭麻花腿，不僅膝蓋容易受傷，也不利於鬆沉。

在動物頻道裡，介紹馬達加斯加的金臂跳舞狐猴，當它在地面站立時的姿勢，兩腳之膝蓋微屈外張，呈O型腳，當我觀察到此姿勢時，馬上聯想到太極拳的腿形，先賢有所謂渾元椿兩膝左右開，膝蓋是微屈微張勢。狐猴此姿勢有利於彈跳，膝蓋才不會受傷。所以膝蓋向外張開，對準兩腳之中趾尖，才能立身中正，如果膝蓋祇向前屈曲，就會形成跪膝。

無論是「收臀定膝」「定膝鬆胯」或「定膝轉胯」都是在強調，在太極拳的運動中，將膝蓋定住，兩膝必須確實對準兩腳之中趾尖，且不超過姆趾根節，此種膝姿，才能支撐全身，運動時避免膝蓋受到傷害，對人體活動，運動自如是非常重要的。古先賢對太極拳運動的體悟，留給後進是一坐寶山，我等怎能空手而回。而這也給其他運動一個非常重要的啟示，無論任何運動，祇要依此定律而行，必能將運動傷害降到最低，尤其是對膝關節之傷害。

【後記】

在夏威夷教拳的黃慶韶大師兄，以太極拳之立身中正，以腰為主宰，磨轉心不轉，帶動四肢，全身重量由重心腳負擔，保護膝蓋等要領。指導棒球選手，以減少運動傷害，其所指導之球隊，無論在夏威夷或台灣屢獲殊榮，收效宏著。特此一提。

從患為人師到教學相長

　　從師學習太極拳，迄今逾三十餘年，從未興起教拳的念頭，最主要的原因是有事業要照顧，挪不出教拳的時間，且自認為學藝不精，何以師為，真要以所學來教人，可要誤人的。另也看到些當了老師的拳友，因為當了老師而不願與別人交流，失去與其他拳友推手切磋的勇氣，這是做為人師愛面子的結果，怕輸的心理在作祟，產生患得患失的心態，此所謂患為人師也。

　　想一想何必呢？永遠抱著學習的心態，到處與同好切磋，去吸取更多太極拳的精髓與經驗，不是更好嗎？一旦當了拳師，而失去與拳友切磋的勇氣，患了做為人師就不敢與人交流的毛病，不是得不償失嗎？還是當個永遠可以到處學習的學生較自在。

　　促使我改變這種患為人師觀念，源於在時中學社的一次聚會上，徐憶中師伯的鼓勵。

　　徐師伯說：「我有一位朋友學了十幾年的拳，身體的健康狀況始終未見改善，多年的老毛病還是時常復發！對於太極拳有益健康也因此產生了疑慮，甚至於對練太極拳也有點鬆懈。退休後，移居美國與孩子定居洛杉磯，平常閒來無聊，每天早晨就到附近的公園練拳，因此結識了一

些外國朋友，都想跟他學太極拳。這時候他才認真思考如何把太極拳練好，如何教人練太極拳。有了這個念頭，練起拳來也用心了，在教拳的過程中，遇到自己不明瞭的地方，也會打電話回台灣向我討論，每年更會抽空回台到時中再進修，結果拳越練越精，學生越來越多。自己的身體也變硬朗健康了，精神也比以前抖擻了，心情也爽朗了，退休生活過得特別有意義。這就是所謂的教學相長。」

教學也是一種學習，也能讓拳藝拳功更精進。最後，徐師伯說：「你的拳功不錯，可以教學了。」

聽了徐師伯這一席話與提醒，讓我從患為人師的思維中驚醒過來。抱著教學相長的理念，推己及人的信念，恰巧公園裡有幾位想學推手的同好，順理成章的教他們推手。

師爺在自修新法自序曰：「得其人不教是為失道，傳非其人，慢泄天寶。」其實抱著與人分享健康的喜悅，醫人於未病，何樂而不為也。

當了教拳的老師，如果心態正確，能充分體悟師爺自修新法所論及的三無畏，去三病的精神，切記太極拳的要訣是捨己從人，是學吃虧，教與被教都會進步的。

當了老師最怕的是捨不得面子，尤其是在推手時，產生了患為人師怕輸的心態。自我束縛，慢慢地不敢與外人推手，在自己的面前築了一道牆。有了這種心理障礙，功夫就停滯不前了。甚至於倒退，天下沒有永遠的常勝將軍，如果有一天，學生能青出於藍而勝於藍時，身為老師的應該感到高興與光榮，這代表你的教拳方法是對的。

所謂心鬆體自鬆。推手時，放下心來，拋掉自我罣礙，純任自然，與任何人推手，抱著學習的心態，功夫自然精進。當然也必須抱持「學然後知不足，教然後知固」的心態。

　　宋韓愈云：「生乎吾前，其聞道也固先乎吾，吾從而師之，生乎吾後，其聞道也亦先乎吾，吾從而師之，吾師道也。夫庸知其年之先後生乎吾乎，是故，無貴無賤，無長無少，道之所存，師之所存也。」孔子也說：「三人行，必有吾師也。」

　　學生就像一面鏡子，當學生動作做錯了，你必須能及時看得出來，並加以改正，且自己也須做正確的示範，從學生的錯誤中也可吸取教與學的經驗。

我所認識的黃慶韶師兄

　　在時中拳社的楊師兄有一天突然跑來問我說：「有一位干嘯洲大師的徒弟叫黃慶韶，不知你是否認識？」。提到黃慶韶師兄，我記憶特別深刻，因為我在新公園觀賞先師發勁時，就是黃師兄從場內走出來，問我是否有意學太極拳，我就這樣莫名其妙地與他成為師兄弟關係。

　　民國六十七年在新公園場子裡，每天清晨都會有很多師兄弟來練習，我印象最深刻的是教我站樁基本功的是陸關祥師兄，教我拳架的是莊靜子與蕭秀琴兩位師姊，五禽戲基本功夫與熊經則由老師親自指導。至於推手因為剛入門的關係，不會也不懂，自然無緣與黃師兄對練，但先師的場子有兩位黃師兄，號稱兩頭牛是金牛和水牛，則是師兄弟都認識的。

　　金牛指的就是黃慶韶師兄，曾多次代表第十支會參加全國性的太極拳推手比賽屢獲冠軍。在新公園的場子裡也曾多次親眼目睹來踢館的人，被黃師兄發勁跌出丈外。黃師兄清瘦的身材，165 公分左右的身高，身手特別靈活，又喜歡搞笑，非常熱心指導師兄弟們推手。

　　民國七十二年黃師兄與黃水來師兄銜師命赴新加坡代師授拳，黃師兄精湛的推手發勁拳藝，與捨己從人的走化

太極拳功，均受到新加坡太極拳界肯定與高度評價。事隔數十年，今黃師兄在夏威夷的干氏金字太極拳社，弟子不下百人，其中不乏具外家拳或拳擊界之好手慕名來學拳藝者，均能秉承太極拳鬆柔的精神，勤學不輟。

記得民國七十八年晚秋的某一天早晨，師兄弟們在新公園的練習課完畢後，我倆同時走出新公園的偏門，邊走邊聊天，當下我邀請他到家裡小敘，他欣然接受。回到家裡除了喝茶聊天外，非常感謝黃師兄也指導我一些盤架與推手的功夫。

臨別前，我送他到公車站乘車，路上他告訴我學太極拳，要把它生活化。他說：「我們每天早上跟老師練拳，最多不過一、二個小時，不夠，在日常生活中，無論行住坐臥，如果能練些基本功，自然功夫容易上身，精進。譬如走路時，如何體會兩腳虛實分清，頂頭懸，含胸拔背，鬆腰跨，做到立身中正安舒。坐姿，如何端正，正心，裏檔，不靠椅背，不聳肩，兩手如何放下。睡覺時，臥似一張弓，如何以心行氣，以意導氣，又如何保持身心放鬆。十字路口等紅燈之同時，也可以站樁，鄭師爺有句銘言：『行為沙漠走駱駝，坐對人間笑彌勒，處則兩腳虛實分，臥似彎弓向右側。』行住處臥，處處皆太極，哪怕功夫不上身。」

在黃師兄臨上公車前說：「這一別，我們師兄弟可能要分開一段日子，因為要移民美國。」想不到這一別就是二十幾個年頭，這期間，在師兄弟的聚會時，偶會提起黃師兄以往種種，但因無書信往來，不知他近況如何。如今

在楊師兄口中聽到黃師兄的消息，並了解他即將回國，著實讓我驚喜又期待。且每次想到黃師兄之臨別贈言，實感珍貴。

在黃師兄回國當天，我親自赴機場迎接，當在機場看到黃師兄的剎那間著實讓我嚇一跳，因為他的容貌跟當年完全沒變，好像留在三十幾歲時的樣子，且精神奕奕，容光煥發。其實這就是練太極拳的好處，老得慢。

在驅車回台北的路上，我邀請他到家裡小住，以方便向他請益。在我家停留期間，黃師兄說：「他從小就是武癡，年輕時曾學過外家拳，但自從認識老師後，就認定太極拳就是他想要的功夫，因為太極拳注重內外兼修，更注重內功的修持。」所謂：「拿住丹田練內功，哼哈二氣妙無窮」。推手講究的是以靜制動，是彼不動，我不動，彼微動，我先動，是牽動四兩撥千金，不主動攻人，把心靜下來，把心放下。對方來力，全身關節，節節鬆開，氣不上浮，筋腱自然不緊張，順勢而為，所謂「有力中堂進，無力走兩邊」。

在談到勁時，除了節節貫串，步隨身換外，他有自己的體會與詮釋，是捱勁。何謂捱，發勁就像女人捱到男人的身邊般，一捱近就發，兩人推手較技時，隨勢捱近到對方身上，造成對方勢背前傾或後仰，其身勢為我所制，瞬間鬆沉，丹田發勁。在談到如何體會捱勁時，他亦以李亦畬的五字訣最能透徹描述其中奧妙「彼之力方挨我皮毛，我之意已入彼骨裡」。

在黃師兄這次回國期間，每晚我倆均促膝傾談拳藝。

每天清晨黃師兄均習慣性在四點半起床，經漱洗後靜坐 1 小時再站椿 1 小時。然後相約到附近的榮星花園行拳，並相互推手。感覺黃師兄的太極拳功勁，與鬆沉勁，均已接近先師七十歲時之功勁。儼然已成太極拳界一代明師。而這次讓我得到最大的啟示是「太極拳推手當雙手沾黏在對方身上之著點，手掌可分為九宮格，每一格中均須體現陰陽相濟之妙法，才能將聽化拿打，更臻慎密」。

兩年後：黃師兄再次回國，是應其在台灣弟子勞大年之邀，講解並示範其所獨創之利用太極拳「一動無有不動，一靜無有不靜」，「立身中正安舒」，「兩腳虛實分清」，「腰帶手動，步隨身換，鬆柔，鬆開，鬆沉」等太極拳原理，指導其棒球運動員依此功法練基本功。

譬如以腰帶手動，指導棒球投手，如何輕鬆用意不用力投球。指導棒球游擊手如何利用鬆沉勁來轉換虛實步，以增步伐的靈活。指導打擊手如何面對投手投出各種直球，變化球時，將自己的身體想像成一道銅牆鐵壁，去面對投手投球側的半邊身體，而這道牆可以讓自己的姿勢固定下來，並隨心所欲地朝各個角度方位出擊。

其實，黃師兄所應用在各種運動的理論基礎即是太極拳的立身中正，腰帶手動，手不動，內動外不動，定胯鬆腰等的理論實踐。由此可知黃師兄對於太極拳功心法具有其獨到的修為。據此，我為鄭門干氏太極拳傳承後繼有人感到慶幸。

靜坐答問錄

Q：何謂走火入魔？

A：靜坐時，最怕走火入魔，所謂外魔內侵，是靜坐之大忌，其實，走火與入魔是兩碼事。走火者，是自律神經控制不了，而造成大小便失禁，是內體上的傷害。入魔則是練到產生幻覺、恍惚、是精神上之錯亂，其最大原因是修練者突然改變了心腦之頻率，沒守住該守的，而讓意念紛雜，胡思亂想，若不加以排除，則可能會聽到平時聽不到的不同聲音，或腦裡有想像之音色，而浮現怪異之現象。故練靜坐，必須追隨有經驗的老師，專心一志練到底，萬不可中途改變修練方法或看有關書籍，自己盲練，致生弊端。

Q：靜坐時，有時身體會自動搖動為何？

A：此乃氣動現象，人體之病痛，導因氣不平衡，所謂痛者不通，通者不痛。練氣功靜坐，有氣動就是在打通阻滯處。故原有痛點或舊傷，會再重複感覺痛，直到氣脈通暢為止。這是體內的氣在調節疏通體內氣血不通處，當氣在運行時，人體自然也隨之動起來。其方式有拍、打、捶、抖、舞、跳等現象。動得愈厲害，表示體內阻塞之處

愈多。祇要持續保持平常心繼續修練，動作自然由多趨少而變無，靜坐的最高境界是不動，忘我，讓自己的磁場和宇宙磁場合一。靜坐不動，亦表示氣都集中在丹田，行走於任督脈之間。會氣動，表示體內有許多不平衡，「氣」自動幫體內做自我調整，產生「氣」重新分配的效果，使體內不均勻，不平衡的氣，漸趨於平衡。但因個人體質不同，如靜坐時，沒有氣動現象，也勿需煩惱，一切順乎自然。

Q：何謂點火？

A：此薪火相傳也，所謂靜坐須慎選明師，慎重拜師，專心一意地練，不要三心二意，練時守住該守的部位，心無雜念。經一段修心養性後。老師會為入門弟子「點火」，此「火」非常珍貴。但老師幫弟子點火，也非常耗損真氣。這有如在弟子體內種下一顆火苗般，經點火後祇要每天勤練，將火苗煽大煽旺，就能精進。

點火是練功者之大事，一生就一次，若點火後沒能好好修練，三天打魚五天曬網，而致荒廢，殊堪可惜。習練者都該珍惜此福緣。

Q：何謂要意守丹田？

A：丹田者，種丹之田也，一曰氣海，此處若能量足，磁場強，全身氣血循環會暢通，丹田處有大動脈通往下肢，血的循環量很大，血液在丹田迴流分支。靜脈由下肢往上走，亦由此回收再迴旋。故丹田仍血液承上接下之

樞紐。練氣時，意守丹田，讓氣集中到丹田，心與氣相守於丹田，則丹田聚集強大之磁場再行走氣脈佈行全身。而達打通任督二脈。由此沿脊椎前後自律神經經所轄之呼吸、消化、生殖、排泄等各系統，也得血脈通達，以植健康之基。

Q：何謂之靜坐前預備式與收功式

A：坐定後，調整身位至極自然狀態，復彎身下伏，雙手負陰抱陽，手掌深藏，手臂前挺，先行吐故納新，鼻吸口呼三次畢，左右擺臀以安身，正軀凝神以舒心。待行功畢，收功式，務須舒心吐氣，再以雙手互相磨擦三十六下，以其餘熱捂耳以運耳膜，或按摩臉部七竅，四肢五臟俱可。

Q：何謂調息

A：調息是讓全身肌筋皮骨各復其位的最好方法，也是空心止念之先期功法，調息者，一呼一吸曰一息。

因人祇要形體安靜，思維活動反而特別活躍，心思像上演著人生連續劇般，此謂心緒外馳。須把心靜下來以數息輔之，讓意念隨吸氣從鼻入而下至肺，入腹部再達丹田，然後吐氣，氣由丹田出，上至肺部從鼻出。如此反覆，從粗而細，從短而長，以摒除雜念為首務。

Q：靜坐時口中生出口水，怎麼辦？

A：靜坐時，舌抵上顎，可以生津，再加上五心通，

口中都會源源不斷生出津液，此乃瓊漿玉液，祇要慢慢吞嚥再以意念送抵丹田。津與腎水原是一家，素問曰：「腎者至水受五臟六腑之精而藏之。」人體津液代謝，清升而濁降。乃水液於體內升騰氣化之基本規律。

清升者，含營衛之津液，在腎之蒸騰作用下，經三焦水道上升，復歸於肺面佈於全身，濁降者，代謝後多餘之水液，在腎的氣化作用下，注於膀胱而為尿，滲於肌膚而為汗。靜坐口中生津，吞嚥而不吐，腎水更旺，足以降火，養心也。

Q：何謂五氣朝元，五心通？

A：「眼不視而魂在肝，耳不聞而精在腎，舌不聲而神在心，鼻不香而魄在肺，四肢不動而意在脾。」此五氣朝元，而五官對五臟即為五心通，「肺氣通鼻，心氣通舌，肝氣通目，脾氣通口，腎氣通耳。」中醫亦強調「心藏神，肺藏魄，肝藏魂，脾藏意，腎藏志」，練功的姿勢與中醫理論相結合，如眼要垂簾內視，耳要忘聲返聽，鼻息要調柔入細，舌要抵顎深藏，息舌寧心，而唇齒要輕叩微閉。此五官各安其位，五臟安和，心緒穩定，得收靜坐練功之效也。

健康箴言

　　一年四季，春夏秋冬，曆法分二十四節氣，古諺有云「一場春雨，一場暖」，冬盡春來，天氣慢慢暖活。秋末冬初，天氣慢慢寒冷，則為「一場秋雨，一場寒」，每逢時序進入秋冬交替與早春時節，日夜溫差特別大。

　　值此時分，每天清晨起床，必先做暖身基本功，鬆身五法，五禽戲，是必修課，時序進入秋天，諺語：「白露到秋分，一夜冷一夜。」台灣「春天後娘的顏，說變就變」，這種天氣早晚有點涼意最容易傷肺，如果疏忽養肺，一不經意，最容易感冒引起咳嗽，且天氣乾燥易變，就算是練家子，也須早晚多添寒衣禦寒，尤其是運動過後，身體微出汗，最好能馬上擦乾汗水，加件外套。

　　注意早起切勿飲用冰水，最好能喝杯溫開水暖胃。出門前，可先用溫水擦臉部與頸部，以增強身體的微循環。這時期「養肺潤燥」是很重要的課題。

　　在運動前補充些澱粉、糖分，但運動後則須補充些許蛋白質，亦可用手按壓印堂迎香兩穴（十指井穴）。背部胸椎第三節旁開一吋半是肺俞穴也，是非常好的養肺穴位。所謂肺主氣，秋燥易咳，燥邪傷肺。平常以梨子燉杏仁或蓮藕粉來養生，溫潤肺部，調和陰陽。

如有感冒，看似小病，但如久拖不癒，往往會誘發呼吸系統疾病，併發肺炎，如咳喘甚至引發心臟病發，輕忽不得。必須馬上看醫生。對於感冒的預防，注意穿衣適度，太厚易出汗受涼，天氣轉溫也不可一下脫去太多，保持室內空氣流通，衣著保暖，平常以溫或冷水洗澡，洗臉泡腳，或用冷水擦鼻翼兩側，能提高對外界氣溫冷熱變化的適應力。

室內定期煮點醋令其蒸發，有消毒防病之效。感冒流行期間，出外最好戴上口罩，外出回來要常洗手，並用鹽水漱口，及喝幾杯熱茶。

另外，可多做自我按摩，以雙手貼鼻翼兩側上下擦搓，促進鼻腔血液循環，增加抗病力，也可用手掌側面按壓後頸兩旁之風池穴，平常早晨起床先靜坐在床頭，做完七竅功再漱洗，會讓你精神爽快，多吃含鋅食品如牛奶，肉類，魚，乳酪，豆類，水果等。尤其是蘋果及蕃茄，以增強體質。

體質較弱易感冒者，可用黃芪一兩，白朮、防風各五錢，研粉或泡服代茶飲用。流行期也可用生薑適量加紅糖共煮趁熱服下，可預防流感，罹患感冒則應多休息，避免過度運動，多飲開水。

可在較高深的桶內反覆熱水浸泡雙腿雙足，以取微汗。洗熱水澡則可能出汗太多，必須避免吹風再度受涼，要謹慎注意。

太極拳乃健康養生最佳的運動，鄭師爺在養生全真篇曰：「太極拳之運動，以養生為主，氣沉丹田，曰氣以直

養而無害，蓋宗孟子之言，今者欲學孟子，不知養氣而習太極拳者，必不能逮乎孟子，然而學太極拳，不知孟子之所謂放其心而不知求者，恐亦徒勞其氣無益。」

後　記

感恩的心

　　我是個未滿九個月出生的早產兒，三十年代的醫學沒有保溫設備，蒙母親不棄，以棉被裹之，養我、育我。七歲時因爬樹摔斷上顎骨，致咬合錯位，咀嚼困難，慈母每日以粥餵食，半年始癒。

　　慈恩浩蕩，春暉難報。役男體檢時，發現胃部潰瘍，肺部有腫塊黑影，以乙種體位待役，經極力爭取始得於隔年如願入伍。

　　當兵期間，部隊駐紮台東太麻里，左腳時常半夜莫名酸麻痛而驚醒呻吟。雖單室獨居，不會驚擾同僚，仍引起營長關注，介紹知本易姓民俗療法名醫，治癒幾半身不遂之疾。並教我多項健身氣功。易師，上校退役後隱居知本山林間，過著閒雲野鶴耕讀生活，乃奇士也。

　　民國六十八年，因緣際會拜干師學習鄭子太極拳，早年多舛而今年逾耳順，身體仍然康健，此乃拜太極拳之賜也。因感太極拳的好，不揣讓陋，集三十餘年師傳體悟，不敢藏私，持與天下同好共修健康之志，集輯成冊，期前賢智慧得以延綿，同好得以無疆，同登壽域。

　　每日晨起，迎接早晨的第一道曙光，我懷感恩的心合

十默禱，感謝上蒼賦予我生命的種子，感謝大地賜予我軀體的養份，感謝父母，生我、養我、育我，感謝先賢為中華大地留下太極拳這塊瑰寶，感謝先師傳授我太極拳藝，讓我晨昏均能與太極拳為伍。

《神遊太極》終於定稿，蒙妻夙夜無怨操勞持家，使我免於雜事分心，實銘感五內。感謝同門師兄們提契共研，乃能完成先師遺作之記錄整理。感謝徐憶中師伯，易靜波師伯，傅崑鶴師兄百忙賜予墨寶，林清智老師、陸關祥、徐正梅、黃鴻湖、洪聰明、林財賢諸位師兄寫序，以及細心為本書做校正的柯寬仁同好。對於本書，我雖盡心力求客觀敘述，裨同好易懂易解，惟本人才疏學淺，難免因個人主觀而失偏頗，敬祈先進賜予指正，幸甚。

莊茂山　2013、10、31

附錄：人體骨骼與關節結構圖

一、骨骼（圖一）

　　人體的骨骼有正面骨骼與背面骨骼之分，正面骨骼有額骨、前肋骨與膝蓋骨，而背面骨骼則多達二十二多項。骨骼的作用在於支撐與保護身體。而在堅硬的骨架上則包覆著肌肉與皮膚。

　　骨架以關節互相連結，身體的運動是靠著肌筋腱的伸縮與骨架的屈伸來完成的。堅硬的顱骨則用以保護腦部，肋骨用以保護心臟與肺臟。脊柱與恥骨部份則

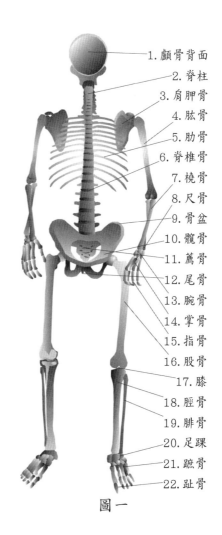

1. 顱骨背面
2. 脊柱
3. 肩胛骨
4. 肱骨
5. 肋骨
6. 脊椎骨
7. 橈骨
8. 尺骨
9. 骨盆
10. 髖骨
11. 薦骨
12. 尾骨
13. 腕骨
14. 掌骨
15. 指骨
16. 股骨
17. 膝
18. 脛骨
19. 腓骨
20. 足踝
21. 蹠骨
22. 趾骨

圖一

具有支撐人體的作用。且背面骨骼均有肌肉連接著,使身體能夠運動自如。

二、骨骼的結構（圖二）

　　骨骼外觀看似堅硬,其實內含活細胞、血管與神經。其結構共分三層,其外層堅韌而薄稱為骨膜,中層為硬骨質,裡層為質地較輕的海綿骨質。構成骨膜的細胞可更新修補碎裂的骨骼,而硬骨質中則含有鈣鹽,可使骨頭更為強健,海綿骨質由蜂窩狀的骨質構成。胸骨和腿骨在其海綿骨質內含有一種膠狀柔軟的物質,稱之為骨髓,人體部份的紅血球細胞即由骨髓裡製造的。

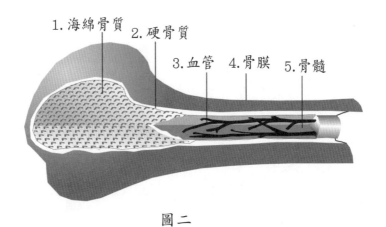

1.海綿骨質　2.硬骨質　3.血管　4.骨膜　5.骨髓

圖二

三、關節的構造（圖三）

　　骨頭本身是無法曲伸的，它的運動功能來自於關節與肌筋腱的活動。連結兩塊骨頭的地方稱為關節，在骨頭兩端覆蓋軟骨，用以防止關節在運動時造成骨頭磨損。軟骨內部含有關節滑液，具有潤滑與防止磨擦的作用。而具彈性纖維的韌帶則負責將兩塊骨頭連接，並由肌肉拉伸兩端的骨頭讓關節產生曲伸，此稱為運動。

　　關節可分為三，一為轉動關節如手腕腳踝，二為杵臼關節，如臀部和肩膀，以上二者是人體轉動幅度最大的關節，可作 360 度向之圓周轉動。三為樞紐關節如膝蓋與手肘，僅可作前後移動運動。

1. 腕部轉動關節

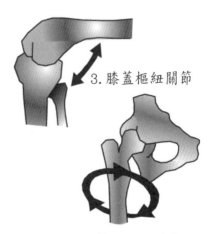

3. 膝蓋樞紐關節

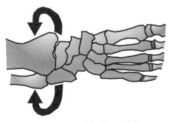

2. 腳踝轉動關節

4. 臀部杵臼關節

圖三

四、膝關節的結構（圖四）

　　膝關節是人體最重要的負重關節與避震器，其負擔人體重量的百分之七十五。可想而知工作量及壓力之大，故我特別以保護膝關節一文提醒，正確地使用膝關節的重要性。且透過認識其結構，更能讓人們了解，如何正確地使用它，以避免損傷。膝關節是由股骨遠端、脛骨近端與髕骨共同組成，其主要的構件為內外半月板軟骨、前十字韌帶、下體脂肪墊、髕骨前、上、下囊等，以提供膝關節的穩定與避震功能。

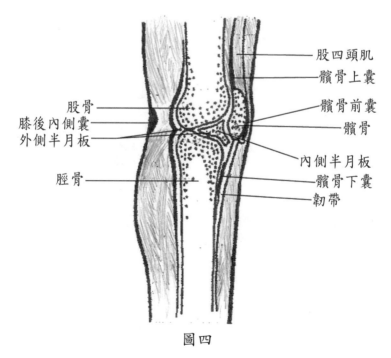

圖四

294

五、肩關節（THE SHOULDER JOINT）

肩關節的骨骼和關節結構圖：

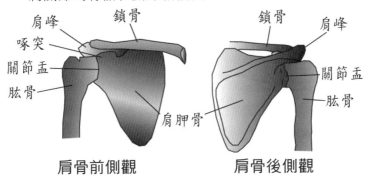

肩峰　　鎖骨　　　　　鎖骨　　肩峰

啄突

關節盂　　　　　　　　　　　關節盂

肱骨　　　　　　　　　　　　　肱骨

　　　　　肩胛骨

肩骨前側觀　　　　　　　肩骨後側觀

六、髖關節（THE HIP JOINT）

髖關節的骨骼結構圖：

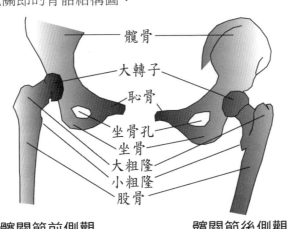

髖骨

大轉子

恥骨

坐骨孔

坐骨

大粗隆

小粗隆

股骨

髖關節前側觀　　　　　　髖關節後側觀

神遊太極

七、肘關節（THE ELBOW JOINT）

肘關節的骨骼和關節結構圖：

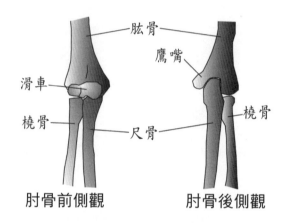

肱骨

鷹嘴

滑車

橈骨

尺骨

橈骨

肘骨前側觀　　　　肘骨後側觀

八、膝關節（THE KNEE JOINT）

膝關節的骨骼和關節結構

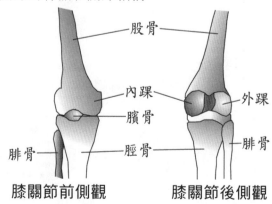

股骨

內踝

髕骨

外踝

腓骨

脛骨

腓骨

膝關節前側觀　　　　膝關節後側觀

九、手關節（THE HAND JOINT）

手關節的骨骼和關節結構圖

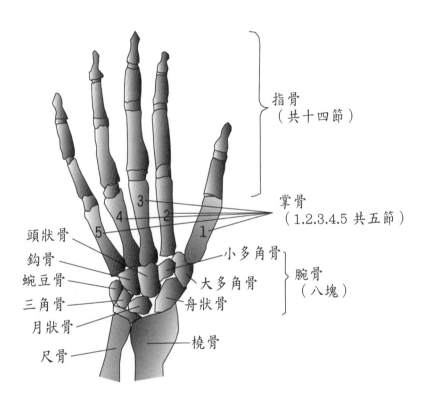

腕骨（八塊）＋掌骨（五節）＋指骨（十四節）＝27塊

297

十、踝足關節（ANKLE & FOOT）

足踝骨骼和關節的結構圖：

（一）

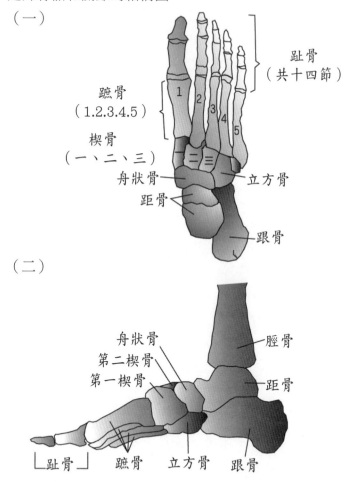

趾骨
（共十四節）

蹠骨
（1.2.3.4.5）

楔骨
（一、二、三）

舟狀骨

距骨

立方骨

跟骨

（二）

舟狀骨

第二楔骨

第一楔骨

脛骨

距骨

趾骨

蹠骨

立方骨

跟骨

踝骨（七塊）＋蹠骨（五節）＋趾骨（十四節）＝26塊

298

導引養生功

張廣德養生著作　　每冊定價350元

疏筋壯骨功
定價350元

導引保健功
定價350元

頤身九段錦
定價350元

九九還童功
定價350元

舒心平血功
定價350元

益氣養肺功
定價350元

養生太極扇
定價350元

養生太極棒
定價350元

導引養生形體詩韻
定價350元

四十九式經絡動功
定價350元

輕鬆學武術

二十四式太極拳
定價250元

四十二式太極拳
定價250元

八式十六式太極拳
定價250元

三十二式太極劍
定價250元

四十二式太極劍
定價250元

二十八式木蘭拳
定價250元

三十八式木蘭扇
定價250元

四十八式太極劍
定價250元

四十八式木蘭劍
定價280元

楊式太極拳
定價330元

太極跤

太極防身術
定價300元

擒拿術
定價280元

中國式摔角
定價350元

彩色圖解太極武術

太極功夫扇

定價220元

武當太極劍49式

定價220元

楊式太極劍56式

定價220元

楊式太極刀

定價220元

定價350元

定價350元

定價350元

定價350元

定價350元

定價350元

定價350元

定價350元

定價350元

定價220元

定價220元

夕陽美功夫扇56式

定價220元

定價350元

定價220元

定價350元

定價350元

定價220元

定價220元

定價220元

醫療養生氣功
定價250元

中國氣功圖譜
定價250元

少林醫療氣功精粹
定價250元

龍形實用氣功
定價220元

魚戲增眠强身氣功
定價220元

道家玄牝氣功
定價200元

仙家秘傳祛病功
定價160元

少林十大健身功
定價180元

中國自控氣功
定價250元

醫療防癌氣功
定價250元

醫療强身氣功
定價250元

醫療點穴氣功
定價250元

中國八卦如意功
定價180元

正宗易筋堂養氣功
定價420元

道家筋經內丹功
定價300元

三元開慧功
定價250元

防癌治癌新氣功
定價180元

禪定與實家氣功修煉
定價200元

顛倒之術
定價360元

簡明氣功辭典
定價360元

八卦三合功
定價230元

朱砂掌健身養生功
定價250元

抗老功
定價230元

意氣按穴排濁自療法
定價250元

健身祛病小功法
定價200元

張氏太極混元功
定價250元

中國少林禪密功
定價200元

郭林新氣功
定價400元

八卦之二合一太極
定價280元

現代原始氣功
定價400元

開脈太極
定價300元

養生抗衰老入門功夫
定價300元

太極內功養生法
定價180元

無極養生氣功
定價200元

小周天健康法
定價200元

易筋經
定價350元

洗髓經
定價400元

精功易簡經
定價200元

武當絕門七心活氣功
定價280元

手功健身法
定價200元

養生導引術
定價180元

養生長壽功
定價200元

太極拳內功養生心法
定價280元

意拳
定價280元

靜坐要訣
定價200元

歡迎至本公司購買書籍

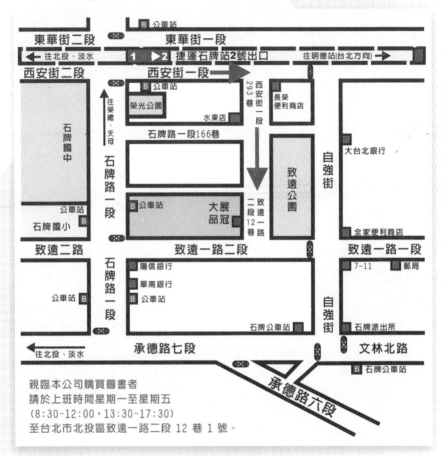

親臨本公司購買圖書者
請於上班時間星期一至星期五
(8:30~12:00，13:30~17:30)
至台北市北投區致遠一路二段 12 巷 1 號。

建議路線
 1.搭乘捷運‧公車
　　淡水線石牌站下車，由石牌捷運站2號出口出站(出站後靠右邊)，沿著捷運高架往台北方向走(往
明德站方向)，其街名為西安街，約走100公尺(勿超過紅綠燈)，由西安街一段293巷進來(巷口有一公
車站牌，站名為自強街口)，本公司位於致遠公園對面。搭公車者請於石牌站(石牌派出所)下車，走進
自強街，遇致遠路口左轉，右手邊第一條巷子即為本社位置。

 2.自行開車或騎車
　　由承德路接石牌路，看到陽信銀行右轉，此條即為致遠一路二段，在遇到自強街(紅綠燈)前的巷
子(致遠公園)左轉，即可看到本公司招牌。

國家圖書館出版品預行編目資料

神遊太極／莊茂山　著
——初版——臺北市，大展，2014[民103.01]
　面；21公分——（武術特輯；146）
ISBN 978-957-468-995-8　（平裝，附數位影音光碟）

1. 太極拳

528.972　　　　　　　　　　　102022922

神遊太極（附DVD）

著　　者／莊　茂　山

責任編輯／孟　　　甫

發 行 人／蔡　森　明

出 版 者／大展出版社有限公司

社　　址／台北市北投區（石牌）致遠一路2段12巷1號

電　　話／(02) 28236031・28236033・28233123

傳　　真／(02) 28272069

郵政劃撥／01669551

網　　址／www.dah-jaan.com.tw

E-mail／service@dah-jaan.com.tw

登 記 證／局版臺業字第2171號

承 印 者／傳興印刷有限公司

裝　　訂／承安裝訂有限公司

排 版 者／千兵企業有限公司

初版1刷／2014年（民103年）1月

初版2刷／2014年（民103年）3月

定　價／350元

大展好書　好書大展
品嘗好書　冠群可期